O PODER DO DINHEIRO

Agradecimentos

Ousadamente, acredito que a coleção ***O Poder do Poder*** *é um momento novo na indústria do livro. Um novo conceito de "construir e escrever" livros está nascendo — o livro-clipping.*

Este sonho empresarial foi e é um desafio no jogo da vida. Aliás, este jogo — descobri — não é um jogo ganha-perde ou perde-ganha, é um jogo ganha-ganha. Todos ganham, culturalmente. Do editor ao leitor.

Quando começo a pensar nos difíceis estágios por que passou este projeto, não posso deixar de lembrar a importante colaboração que recebi de várias pessoas, sem as quais não seria possível a sua realização material.

Com orgulho literário, agradeço a todas essas pessoas, físicas e jurídicas — pesquisadores, programadores, jornalistas, escritores, advogados, empresários, diretores de editoras, de gráficos, de jornais e TVs — o apoio direto ou indireto que ofereceram à realização deste trabalho. Sem a solidariedade, profissional e humana, desses amáveis colegas de trabalho, este projeto editorial jamais teria sido possível.
A todos, minha infinita gratidão.

O Editor

Coleção

O PODER DO PODER

O PODER DO DINHEIRO

Ganhar dinheiro não é "pecado". Desejamos dinheiro não pelo que ele é em si, mas pelo que ele representa. Dinheiro é poder, saúde e energia.

7

VOCÊ TEM O PODER DE MUDAR A SUA VIDA

LIVRO MARTIN CLARET CLIPPING

Coleção
O PODER DO PODER

Idealização e Realização
Martin Claret

Pesquisa e Organização
R. Satanganelli

Projeto Gráfico
José Duarte Teixeira de Castro

Digitação
Celina Vian Marques

Revisão
Marcos D. Agathão

Editoração Eletrônica
Bypress Comunicação

Direção de Arte
José Duarte Teixeira de Castro

Fotolito da Capa
ERJ Informática

Fotolitos em Editoração Eletrônica
Scritta

Papel
Off-set/ 87 x 114 x 90g

Impressão e Acabamento
Cromosete Gráfica e Editora

EDITORA MARTIN CLARET
Rua Alegrete, 62 - Bairro Sumaré - CEP 01254-010
Tel.: (11) 3672-8144 - Fax: (11) 3673-7146
São Paulo - SP

www.martinclaret.com.br
comercial@martinclaret.com.br

LIVRO	MARTIN CLARET	CLIPPING

O Livro Vivo

MARTIN CLARET

O poder da informação

O homem é um animal neurolingüístico. Ele cria sua realidade a partir do pensamento e da palavra. Sua potencialidade é quase infinita. O conhecimento de si mesmo é a sua meta suprema.

Essa escalada do homem é uma imensa epopéia cósmica, e neste contexto cada criatura é um herói. Mas o início dessa escalada cultural foi terrivelmente difícil.

Vivemos, hoje, na "idade da informática". Não mais fazemos parte de uma cultura coletora, agrícola ou industrial, mas de uma cultura da informação. Vivemos numa época de profundas mudanças. Novas idéias e novos movimentos mudam o mundo quase que diariamente. Essas mudanças vêm a nós através de livros, jornais, cinema, teatro, filmes, chips *de computador, etc. Nesta nova sociedade, quem tiver mais informações, tem maior poder. John Galbraith, o iluminado autor de* A Era da Incerteza, *proclamou: "Dinheiro é o combustível da sociedade industrial. Mas na sociedade da informática o combustível, o poder, é o conhecimento. Vê-se agora a estrutura de uma nova classe dividida entre aqueles que têm informação e os que devem atuar na ignorância. Esta nova classe não tem poder no dinheiro, ou na terra, mas no conhecimento."*

Hoje, essa chave do poder do conhecimento é acessível à maioria dos seres humanos.

Definição de poder

Poder.

Nada exerce mais atração sobre os seres humanos do que essa palavra mágica. Nenhuma paixão é mais duradoura, nenhuma companhia mais constante. O poder é uma das mais legítimas emoções humanas. Sua motivação são os resultados. Agir para ser mais.

Poder é uma palavra incrivelmente emocional. Diante dela são infinitas nossas reações. Cada um tem um conceito pessoal da palavra poder. Para muitas pessoas ela tem uma conotação negativa. Outras, explicita ou secretamente, cobiçam o poder. Os mais ortodoxos suspeitam do poder. Cada um tem uma definição própria para o vocábulo poder.

Como uma cultura, nós temos sido ambivalentes a respeito do poder. Não obstante, poder — que deriva do latim potere, "ser capaz" — é energia. Sem poder não há ação ou movimento. Poder é um assunto central da transformação do ser humano.

Eu proclamo o Poder Correto — o poder usado não como instrumento negativo ou para glorificar o ego, mas a serviço da Vida. O poder como um ato de sabedoria e não como um instrumento para manipular pessoas. Poder compartilhado, e não o poder imposto.

Poder é a capacidade e habilidade de mudar nossas vidas. É a habilidade de definir as necessidades humanas e resolvê-las. Poder é energia.

O amor ao poder

Michael Korda, o editor-chefe da poderosa editora Simon & Suster — ele mesmo participante do fascinante jogo do poder —, no seu best-seller Poder, Como Conquistá-lo, Como Utilizá-lo, nos dá didaticamente as principais normas para criar poder.

Para completa informação de meus leitores, passo a transcrevê-las.

Primeira: "Pratique cada ação como se fosse a única coisa que realmente importa no mundo." Segunda: "Nunca revele aos outros tudo a teu respeito; guarde alguma coisa de reserva, para que eles nunca tenham certeza de que realmente te conhecem." Terceira: "Aprende a usar o tempo e pense nele como um amigo, não como um inimigo. Não o desperdices indo atrás de coisas que não desejas." Quarta: "Aprende a aceitar os teus erros. Não sejas perfeccionista a respeito de tudo." Quinta e última norma: "Não cries ondas; move-te suavemente, sem complicar as coisas."

Como homem, para quem o único limite do poder é o limite de acreditar, Michael Korda, nos dá, ainda, este ensinamento essencial: "Quanto mais mecânico e complicado for o nosso mun-

do, mais precisamos da simplicidade do poder para nos guiar e proteger. É o único dom que nos permite continuar sendo humanos num mundo desumano — porque o amor ao poder é o amor por nós mesmos."

A gênese da coleção O Poder do Poder

Sou editor de livros. O universo da minha vida sempre gravitou em torno de ler livros e "fazer livros". Sempre amei o livro em todas as suas formas e sempre acreditei na função do livro. Para mim o livro tem o poder de mudar as pessoas, e de mudar o mundo. Há 20 anos proclamo o princípio cultural de "Ler mais para ser mais".

Na juventude e mesmo como adulto sempre copiei, recortei ou xeroquei textos de "especial importância" para o desenvolvimento do potencial humano. Formei pastas e pastas desse material informativo — para meu uso e eventualmente para o uso dos amigos. Essa idéia foi inspirada no genial DeWitt Wallace, o fundador da Reader's Digest (a nossa Seleções) — o projeto editorial de maior sucesso em todo o mundo. DeWitt também, antes de fundar sua revista "praticava" esse singular hobby de colecionar recortes de artigos de interesse permanente — aliás, essa foi a idéia que deu origem à sua famosa revista multinacional. Mais tarde, usei parte desse meu material e o know-how adquirido em minha atividade profissional. Esta é a gênese da coleção ***O Poder do Poder*** *e de outros trabalhos editoriais realizados por mim.*

O Livro-clipping

O útil Dicionário de Comunicação, de Carlos Alberto Rabaça/Gustavo Barbosa, publicado pela Editora Codecri, define a palavra inglesa ***clipping***, *assim:* ***1.*** *Serviço de apuração, coleção e fornecimento de recortes de jornais e revistas sobre um determinado assunto, sobre as atividades de uma empresa ou instituição, sobre determinada pessoa, etc. É realização geralmente da organização, pela agência de RP ou de Publicidade que atende à empresa, ou por uma agência especializada neste tipo de serviço (conhecida como agência clipper).* ***2.*** *Recorte de jornal.* ***3.*** *O conjunto de recortes, recebido pelo interessado."*

Sem o saber, inconscientemente, ao colecionar e "organizar" os meus recortes, sempre vinha exercendo o ofício de organizar clipping, embora fosse para uma só pessoa — para mim mesmo.

Impulsionado por várias circunstâncias, depois de alguns anos, já como editor, resolvi usar os meus conhecimentos para elaborar esta coleção, usando o mes-

mo princípio do clipping. Dei uma estrutura mais refinada ao material de texto, organizei os assuntos, criei uma capa — e eis o livro-clipping. O grande e principal objetivo é difundir conhecimentos especializados, e transformar as pessoas. Sempre fui centrado nessa magnífica obsessão.

Estrutura textual da coleção

Estatísticas nos Estados Unidos revelam a incrível constatação: quase 50% das pessoas que compram livros não os lêem até o final. No Brasil não é diferente. Motivos: além de hábitos culturais improdutivos, descuidos de editoração contribuem para essa lamentável situação.

A coleção **O Poder do Poder** *é um esforço para corrigir, qualitativamente, algumas dessas falhas. Minha meta principal é apresentar um novo conceito de fazer livros — o livro-clipping. O livro essencializado, de interesse permanente, com texto na medida certa e de agradável diagrama. Livro de fácil leitura.*

A coleção é aberta — são aceitas sugestões de títulos e de assuntos. O próprio leitor tornase um colaborador.

Embora esta coleção tenha estrutura de continuidade, cada livro possui sua autonomia própria. É um livro com começo, meio e fim. Os textos são capítulos essenciais extraídos de publicações nacionais e estrangeiras com afinidade de assunto, formando sinergeticamente um material redacional de grande coerência. A integridade do texto original é totalmente conservada.

Aos leitores que tenham interesse em aprofundar o assunto tratado em cada capítulo, recomendamos a leitura do livro original. Desejamos, mesmo, que os textos de cada capítulo motivem o leitor a uma consulta mais extensa ao livro-matriz. Aliás, esta é a essência do livro-clipping — provocar interesse e informar.

Mensagem cultural

A Galáxia de Johann Gutenberg (1400-1468) continua em expansão. A "idade da informática" ilumina mentes e corações. O homem continua sua fantástica escalada cultural. Nesse imenso universo vivo, o livro é a maior fonte de conhecimento e poder.

Livro muda as pessoas.
Livro muda o mundo.
"Ler mais para ser mais."

O DINHEIRO E
O SIGNIFICADO
DA VIDA
Jacob Needleman
Formato: 14x21
336 págs.
Ed. Best Seller/
Círculo do Livro
C. Postal: 7413
São Paulo
(Ver pág. 123)

A Força do Dinheiro

JACOB NEEDLEMAN

"Se o presente livro for bem-sucedido em esclarecer o significado do que está sendo dito aqui, então terá atingido seu propósito. O objetivo não é outro que sacralizar a questão monetária." Com estas incisivas palavras Jacob Needleman encerra a Introdução de seu livro O Dinheiro e o Significado da Vida *, publicado no Brasil pelo Círculo do Livro e Editora Best Seller.*

Pela importância filosófica de seu conteúdo, estamos apresentando, aqui, ao nosso leitor esse texto — e Introdução —, extraído do referido livro. Temos o firme desejo de que nosso leitor não deixe de ler e estudar todo *o livro do senhor Jacob Needleman.*

A cultura religiosa ocidental, baseada nas doutrinas cristã-judaica-romana é, quase toda ela, anti-dinheiro. Aprendemos, desde cedo, que dinheiro está ligado a idéia de "pecado". Esse conflito "dinheiro-pecado" nos tem trazido frustração e infelicidade. A leitura de O Dinheiro e o Significado da Vida, *será uma excelente "terapia" para todos nós.*

Ouvi certa vez o seguinte conselho: "Se quiser ter a medida exata de alguém, observe como ele lida com sexo, tempo e dinheiro". O conselho era endereçado a uma mulher que, fascinada com um mestre espiritual oriental, estava pronta para deixar tudo a fim de segui-lo. Quanto ao conselheiro, ele próprio um mestre de poder considerável, era, no entanto, um ocidental acostumado a se mover no mundo violento dos negócios e da política. Em todos os anos desde que conheci esse homem, afetou-me profundamente sua habilidade para guiar outras pessoas pelo caminho do autoconhecimento. Se alguém me perguntasse, poderia fazer uma longa lista de suas virtudes. Mas havia alguma coisa essencial acerca daquele homem que sempre me escapou, uma capacidade que o colocava à parte de tantos outros mestres e guias que encontrei nesses anos todos. No momento em que mencionava a palavra "dinheiro" no contexto do crescimento espiritual, esta sensação a seu respeito voltava à tona. Compreendi que parte de sua singularidade era a habilidade de enfrentar aspectos da vida humana que destroem ou confundem a maioria das pessoas que buscam o significado da vida.

Sexo, tempo e dinheiro: sabemos que o primeiro item é uma força com que todos temos de lutar, não importa quem somos ou qual seja nosso objetivo na vida. Os ensinamentos de cada tradição espiritual e os escritos de todos os pensadores sérios ajudam a compreender a questão do sexo. Quanto ao tempo, pode-se encontrar pelo menos tratamentos teóricos deste mistério nas escrituras, nos mitos e na arte de todas as épocas, bem como nos escritos dos filósofos. Mas busca-se em vão por uma orientação bem fundamentada sobre dinheiro nos grandes ensinamentos do passado ou nos livros dos sábios. Pode até parecer estranho mencioná-lo na mesma frase com os outros dois tópicos. Ainda assim, o problema do dinheiro persegue os nossos passos, exercendo uma pressão que, a seu modo, é tão poderosa e persistente quanto qualquer outro problema da existência humana. E que, ainda por cima, assombra a busca espiritual.

Em geral, nossas preocupações com relação a dinheiro se reduzem a consegui-lo ou administrá-lo, existindo inúmeros livros que tratam de tais aspectos da questão. Mas é quase impossível encontrar reflexões sérias e úteis sobre o relacionamento entre a procura por *dinheiro* e a procura por *significado.* Qual o papel do dinheiro na busca da consciência, na procura por aquela transformação do ego tão discutida pelos grandes educadores e filósofos de todas as épocas e culturas? O objetivo deste livro é esclarecer esta questão e oferecer material de apoio à incumbência de cada um respondê-la por si.

Por que essa pergunta nunca foi tratada de maneira mais direta antes? Porque, com certeza, em nenhuma outra cultura ou civilização que conhecemos o dinheiro apresenta uma influência tão penetrante e decisiva. No mundo de hoje, o dinheiro está presente em todas as atividades dos seres humanos, em cada aspecto e bolso da vida. Isto é algo completamente nôvo.

Não pretendo com isso afirmar que nossa cultura é mais materialista que aquelas que a precederam. Estou dizendo apenas que o dinheiro — esse extraordinário artifício cujas origens devemos em breve discutir — hoje tem um papel poderoso, sem precedentes nas nossas vidas interior e exterior. Qualquer busca séria do autoconhecimento e autodesenvolvimento exige que estudemos o significado que o dinheiro tem para nós.

Não será tarefa fácil ir muito além da superfície nesta matéria. O fato de o dinheiro estar presente em tudo significa que temos que olhar para cada aspecto de nossas vidas, do ponto de vista do dinheiro e da força que ele adquiriu na civilização atual. Amor e ódio, comer e dormir, segurança e perigo, trabalho e descanso, casamento, filhos, medo, solidão, amizade, conhecimento e arte, saúde, doença e morte: o fator monetário é elemento determinante em tudo isso — às vezes bastante visível, outras vezes, entremeado no todo, como a tinta usada por um tecelão. Pense em nosso relacionamento com a natureza, com as idéias, com o prazer; pense em nosso senso de auto-identidade e auto-respeito; pense no lugar onde vivemos e nas coisas de que nos cercamos; pense em nossos impulsos para ajudar o outro ou para servir uma grande causa; pense em nossas necessidades psicológicas e biológicas; pense em para onde vamos, como viajamos, com quem nos associamos — ou pense apenas no que fez ontem, no que fará amanhã ou dentro de uma hora. O elemento dinheiro estará lá, como invólucro ou depositado dentro de tudo. Pense no que você quer ou com quem sonha, hoje, no próximo ano, ou para o resto de sua vida. Vai custar dinheiro, uma quantia bem definida.

Se ampliarmos nosso campo de visão e considerarmos a condição da família humana como um todo, veremos uma idêntica penetração do fator monetário em cada faceta da crise por que passa o mundo moderno: guerra, injustiça social, opressão de povos e classes, crime em suas formas violenta e não violenta, nosso agonizante meio ambiente natural. Veremos o dinheiro catalizando as gigantescas ilusões de poder, fama e prazer que movem as massas do mundo e às quais nossa sociedade devota tanto de sua energia, por meio da produção contínua de novas invenções e tecnologias.

Veremos até que ponto os heróis que admiramos (nem que seja só por uma hora), as conquistas e os sinais de "progresso" de nações e culturas, são um reflexo de forças financeiras, cuja glória se desvanece quando mudam essas forças, como redemoinhos em um riacho, desprovido de qualquer realidade fora das correntes de água que os criam. Veremos como diversos sonhos de império, utopia e salvação religiosa, bem como os pesadelos paranóicos de indignação coletiva de novas idéias ou crenças estranhas, são movidos e, até certo ponto, criados pelo próprio dinheiro — direta ou indiretamente. Considerar o dinheiro sob esta perspectiva é ver quem e o que somos.

É por esse motivo que hoje, no nosso tempo, o dinheiro precisa ser encarado como um problema de consciência, de existência do homem no mundo universal. É mais que apenas uma questão psicológica ou social, na qual alguém se empenha em corrigir antes de atender às demandas do espírito. Tornou-se uma chave para a compreensão do grande propósito da vida humana; é o fator exato que nos impede de participar desse grande propósito.

Por ser o.dinheiro um problema de consciência, de existência do homem no mundo universal. É mais que apenas uma questão psicológica ou social, na qual alguém se empenha em corrigir antes de atender às demandas do espírito. Tornou-se uma chave para a compreensão do grande propósito da vida humana; é o fator exato que nos impede de participar desse grande propósito.

Por ser o dinheiro um problema que permeia o todo da vida humana, não pode ser tratado por partes, no nível em que se apresenta — de forma pragmática, psicológica ou moral —, assim como uma pessoa não consegue fugir da cadeia visitando o psicólogo ou assistente social e melhorando suas condições dentro dos muros da prisão.

A comparação da vida humana com a existência dentro de uma prisão está enraizada em uma visão profunda e muito antiga do ser do homem e de seu possível desenvolvimento interior. Nas páginas seguintes veremos como esta visão tem se expressado em diversas imagens, várias das quais perderam o poder de nos influenciar e não mais servem de base para a busca da libertação. No entanto, ao relacionar estes ensinamentos antigos com a questão do dinheiro, podemos começar a sondar as profundezas do *sono* da humanidade e descobrir o que se exige de nós para que despertemos. Nossa relação com o dinheiro pode se tornar um instrumento poderoso na busca do autoconhecimento.

Precisamos entender esta prisão, este inferno, este movimento rotatório que vai do nascimento à morte, se quisermos ver com clareza a imensa grandiosidade para a qual a humanidade foi criada. Se tentarmos considerar um sem o outro, estaremos indo para parte alguma. Falar na grandiosidade intrínseca ao homem sem mostrar de maneira transparente e ao mesmo tempo sua atual degradação, é entregar-se a um devaneio. Por outro lado, enfatizar as ilusões e corrupção da existência do homem sem considerar, com franqueza, suas possibilidades quase divinas, é viver um pesadelo.

Certa vez, um psicanalista freudiano resumiu para mim sua visão da condição humana dizendo que o homem não é tão mau quanto ele pensa, nem pode se tornar tão bom quanto sonha. A hipótese que este livro defende opõe-se frontalmente à visão psicanalítica; o homem está em situação bem pior do que ele acredita, mas pode se tornar bem maior do que imagina.

Neste livro tentarei, sempre que possível, não usar uma linguagem religiosa por demais familiar para tratar da condição humana. Às vezes, porém, será inevitável. Por exemplo, quando descrever as possibilidades supremas do homem, como têm sido apresentadas desde os tempos mais antigos pelos sábios, será impossível não falar do homem a serviço de um propósito divino na terra e no universo criado. A verdade é que dentro do *nosso próprio eu* existe a possibilidade, a necessidade até, de experimentar e servir alguma coisa inimaginável de tão grande e inconcebível de tão real. A estrutura da natureza humana não tem sentido nem significado, a menos que a idéia dessa possibilidade interior seja compreendida.

Dentro de cada ser humano existe um anseio obscuro, mudo, de entrar em contato com essa alguma coisa. É um anseio, um chamado que questiona quaisquer outros objetivos e propósitos de nossas vidas. Não ouvimos esse chamado com muita freqüência nem de maneira muito clara, mas quando o ouvimos de fato, notamos que vem de uma porção de nós mesmos que, por perturbador que possa parecer, soa como se não tivesse qualquer relação com o resto de nós.

Parafraseando *Fausto*, de Goethe, "dois egos habitam o interior do nosso peito". Uma parte de nós pretende viver e atuar no mundo que vemos à nossa volta — comer, dormir e ter filhos, responder aos desafios do mundo natural e social; nas palavras de Salomão, em Eclesiastes, "Tempo de nascer e tempo de morrer, Tempo de matar e tempo de curar, Tempo de destruir e tempo de construir, Tempo de rir e tempo de chorar, Tempo de buscar e tempo de perder, Tempo de guardar e tempo de jogar fora." Esta é a vida humana "debaixo do sol", o mundo que vemos e conhecemos, e chamamos de *real*. Mas Deus está *acima do sol*, acima de tudo que nossos olhos podem ver e nossa mente nomear. Existe uma porção mais elevada de nós que sente isso e nos chama. Somos seres dotados de dupla natureza. Assim diz o antigo ensinamento.

O legendário rei Salomão, a quem teremos diversas ocasiões para apelar neste livro, fala dessa vida "debaixo do sol" como uma prisão, uma cela de vaidades, um mundo de aparências e ilusão. E o fato mais aterrador acerca desta prisão é que não podemos vê-la como ela é.

Tente imaginar uma prisão onde os prisioneiros não conhecem, ou dela não se lembram, a vida em liberdade do lado de fora das grades. Gastam todos os seus esforços apenas para tentar melhorar suas condições dentro da prisão. Aqueles que estão em celas lotadas, sujas ou isoladas, invejam os prisioneiros que têm maiores privilégios. Alguns decoram as paredes da cela, pintam as grades com cores vivas, sem suspeitar do verdadeiro propósito dessas grades.

Estou falando de uma prisão "iluminada", onde existem incentivos à recreação, às artes e aos ofícios, uma biblioteca bem suprida, embora as autoridades tenham o cuidado de excluir livros que veiculam determinadas idéias sobre o mundo exterior. Existem psiquiatras para ajudar os prisioneiros a se ajustarem e sacerdotes para instilar crenças imaginárias e formar pequenos "mosteiros" segregados. Com o passar do tempo, essa prisão foi evoluindo a ponto de permitir agrupamentos e reuniões políticas. Entre os prisioneiros surgem filósofos e críticos que lutam por mais igualdade e liberdade — *dentro da prisão*. Conferem-se distinções, distribuem-se prêmios, grandes nomes são cultuados como relíquias no rol da ciência-prisão, arte-prisão, moralidade-prisão.

Vez por outra, surge um prisioneiro — enviado do mundo exterior — que fala claro e de maneira convincente sobre uma vida do lado de fora das grades. O que acontece com essa pessoa? Como é recebido esse mensageiro? Às vezes é obrigado a se defrontar com o escárnio ou a hostilidade. Outras vezes, os próprios prisioneiros o matam ou mandam para o isolamento. Em geral sua mensagem, se for bastante clara e persuasiva, é apropriada e adaptada pelos psicólogos e sacerdotes da prisão, para servir aos seus propósitos.

Mas às vezes esse mensageiro vindo do exterior convence uns poucos detentos que existe um outro mundo e lhes ensina como escapar. Estes prisioneiros começam a compreender que o único objetivo sensato que podem ter é escapar da prisão e, se possível, ajudar outros a imitá-los. Um conhecimento especial, muito bem guardado, passa a circular entre aqueles que têm "ouvidos para ouvir".

Fantasia de um pesadelo ou representação honesta de nossa vida enquanto humanidade? O que são as grades e portas de nossa prisão? Qual sua moeda corrente? Quem são os carcereiros e administradores? É preciso salientar que esta metáfora, que reflete com precisão ensinamentos transmitidos durante milênios, não se destina a ser apenas uma descrição da sociedade materialista, mas um retrato de nós mesmos. As grades e correntes estão dentro de nós, assim como os "guardas", os "sacerdotes" e os "psicólogos". Os caminhos ou métodos espirituais existentes em todas as culturas e épocas da história humana têm procurado mostrar a prisão interior na qual vivemos, mas também a imensidão de entendimento e amor de que somos feitos.

Quanto ao "mensageiro", ele também representa alguma coisa dentro e fora de nós. Mas uma outra porção de nós mesmos, mais elevada, que precisa ser estudada e cultivada, não nos ajuda a entender tais vislumbres como "mensageiros".

Podemos começar a entender como a vida poderia ser do lado de fora das grades de nossa prisão quando recordamos como somos durante estes momentos tão raros. Não estou falando necessariamente das experiências consideradas extremas, ou "picos emocionais". Com freqüência, esses vislumbres nos são dados em um momento de grande dor ou perda, ou em situações de extremo perigo físico, de profundo desapontamento, quando tudo em que nos apoiamos de repente se esvai ou se perde. Às vezes, eles aparecem em momentos de "superfelicidade", quando nossas percepções mais comuns não conseguem apreender o que está acontecendo.

Nessas ocasiões, o indivíduo se *divide em dois.* Um segundo eu aparece e, na maioria das vezes, tudo que ele faz é *observar.* Só isso, e nada mais. Mas é um observar, um *ver*, um estar presente diferente de tudo que consta de nossa experiência; é um despertar de lucidez e tranqüilidade absolutas. É um vislumbre da liberdade interior completamente diverso daquele ao qual aplicamos este rótulo nas experiências mais familiares, quando satisfazemos algum desejo ou nos livramos de fardos. Neste segundo eu jaz o germe daquele que, no cristianismo, chama-se de novo, por surgir a partir do velho, Adão; na tradição judaica é Jacó e Esaú, o homem superior e o inferior dentro de nós; no hinduísmo é o atmã, a alma inextinguível que existe dentro do ego mortal; no budismo, é a essência do Buda esperando para lampejar como o raio dentro da escuridão do sentido ilusório do eu.

O que vemos ao despertar? As possibilidades são inúmeras. Em alguns casos, o que se vê é um eu comum atuando surpreendentemente bem; é em geral o que acontece nos momentos de perigo físico, quando a ação rápida, o julgamento claro, a força e a coragem incomuns são necessários.

Em outros casos, porém, vejo a mim mesmo como costumo ser, com toda minha fragilidade, minhas decepções e fracassos, como às vezes acontece quando alguém se vê realizando uma ação contrária aos seus valores morais mais profundos, ou quando de repente se percebe de posse de algum hábito autodestrutivo. Tais momentos, em que a pessoa vê a si própria, podem resultar em uma mudança completa de vida, na libertação de um vício, por exemplo. Mudanças dramáticas como esta, no entanto, tendem a desviar a atenção do fato mais significativo acerca de tais vislumbres — isto é, que eles revelam a existência, dentro de nós, de uma segunda consciência. Que sempre esteve presente, porém com a qual quase nunca entramos em contato.

Experiências deste tipo são espontâneas, acontecem em meio às circunstâncias mais corriqueiras da vida, e costumam se manifestar quando somos muito jovens. Todavia, nunca temos alguém que nos auxilie na hora de tirar as conclusões mais acertadas dessas experiências, ou de fazer perguntas úteis acerca delas. Serão apenas a ponta de um grande *iceberg* de possibilidades que jaz adormecido dentro de nós? Que tipo de pessoa somos quando essas experiências estão ocorrendo em nosso interior? Será que, talvez apenas por um momento fugaz, na verdade não nos aproximamos mais do homem ou mulher que queremos ser — capaz de julgamento imparcial, de ação precisa, de um profundo sentimento moral? Estaremos limitados a experimentar essas condições sempre de forma acidental ou esporádica, ou existe um modo de se viver que nos conduza a um relacionamento mais freqüente e duradouro com elas? Quem ou o que é esta segunda consciência que se parece mais comigo do que meu sentido diário de identidade?

Afinal, o que significa dizer que este segundo eu não se importa em absoluto com coisas como o dinheiro, por exemplo, que evoca tanto desejo e ansiedade no estado normal de uma pessoa? O que significa dizer que existem duas vidas dentro de nós? É possível fazer com que um dia se consiga estabelecer um relacionamento harmonioso? Podem nossas funções ordinárias de pensamento, ensinamento e instinto algum dia se tornarem tão afinadas com essa presença maior que acabem por se submeter a ela voluntária e alegremente? E se este segundo eu é indiferente aos objetivos do ego normal, então quais são os *seus objetivos?* — seus valores, seu — ou seja, *meu* — verdadeiro propósito no universo?

À luz de tais considerações, percebe-se que a eterna busca pelo significado da vida deve, sem dúvida, levar em conta os extraordinários vislumbres de nossas duas naturezas. Talvez seja nesses vislumbres, e nas deduções que possamos deles tirar, que reside toda a questão do significado da vida. Não é de admirar que, quando tentamos encontrar uma resposta para esta questão sem antes considerar tais experiências, quase sempre chegamos a lugar nenhum. Pensando bem, é para causar alguma estranheza que tenhamos nos tornado uma cultura de cínicos e sonhadores?

Existe mais, muito mais, a ser dito a respeito desses momentos e sobre a idéia das duas naturezas do homem. Não estamos falando aqui do que se costuma entender por "misticismo" — termo que se tornou inútil, abrangendo tudo, desde o contato humano mais sublime com uma realidade superior, até as experiências mais auto-enganadoras, banais, ou mesmo psicóticas. Talvez já se tenha dito o suficiente até agora para mostrar por que os grandes pensadores e mestres espirituais do passado, em todas as épocas e onde quer que o homem tenha vivido, falam do homem não só como o ser ganancioso, grosseiro, cruel e negligente que ele com tanta freqüência parece ser, mas também como alguém de importância cósmica extraordinária, fadado a desempenhar um papel de importância singular no plano universal. Temos de ouvir com maior atenção o que esses mestres têm a dizer sobre o que nós, seres humanos, somos de fato.

Mas para retornar as nossas vidas atuais com todas as suas reais dificuldades, temos ainda que fazer uma outra pergunta de importância inquestionável: o que de fato nos impede de ter consciência de nossa verdadeira natureza? O que nos mantém como drogados, adormecidos para nossa possível vida interior? Por que não nos atemorizamos com nossa atual condição? Por que dispendemos a tão preciosa energia psíquica almejando celas melhores dentro da prisão? Por Que não procuramos fugir? O que vem a ser esta *dormência de significado*? Todos os dias o carcereiro vem para levar embora um ou outro dentre nós.

— É o destino de todos nós — dizem alguns, com nobre resignação.

— É a passagem para a imortalidade — dizem outros, com os olhos brilhando de paixão pelo sobrenatural.

Mas ali, no canto da cela comum, tranqüilos, desapercebidos, dois ou três prisioneiros cochilam, examinando um certo pedaço de papel no qual está desenhando uma espécie de diagrama... ou será um mapa?

Vamos falar de dinheiro. Qual o seu papel na busca do significado? Será nosso relacionamento com ele um dos principais responsáveis por continuarmos na prisão, ou será que também pode ser uma ferramenta para nos tirar dali, para nos despertar para uma vida cheia de intensidade de propósito?

Lembro-me de algumas conversas a respeito de dinheiro que envolveram o homem de negócios cujo conselho citei no começo desta introdução. O cenário era uma conferência que ajudei a organizar em Madison, Wisconsin, cerca de quinze anos atrás. Meu convite para participar de uma mesa redonda com intelectuais famosos, líderes religiosos e funcionários civis e do governo locais sobre o tema "Dinheiro, Poder e o Espírito Humano" foi aceito com ansiedade.

Na verdade, aquele homem de negócios falou muito pouco durante os três dias, mas sempre que o fazia, havia uma lisura e autoridade tão notáveis em suas palavras que invariavelmente provocavam uma atmosfera especial no ambiente, todos de ouvidos atentos. No entanto, as coisas que dizia, na maior parte das vezes, pareciam um tanto desconcertantes para os debatedores.

— Estive pensando — disse ele, a uma certa altura. — Trata-se de uma questão real para mim. Existe uma forma de encarar o dinheiro, de nos educar e educar nossos filhos para não vermos o dinheiro como algo sujo, mas sim como um fator unificador em todas as escalas, em todos os sentidos? Ou o dinheiro é apenas um problema? Cabe à economia lidar com o dinheiro. Isso é tratá-lo como um problema. Mas existe uma forma de nos reconciliarmos com ele, a ponto de descobrirmos até uma atitude, uma idéia, com a qual as pessoas, pessoas educadas, inclusive, possam se aproximar do dinheiro de uma forma que lhe dê um lugar na vida que nos cerca e possa ser um fator unificador? Esta, para mim, é a questão.

Em outro momento, vários debatedores começaram a acusar os ricos, os gananciosos e os egoístas, e a condenar o sistema econômico americano por fazer de todos escravos do salário, incluindo os professores de pessoas jovens, forçando-se a vender seus ideais.

Dirigindo-se ao mais prolixo dos debatedores, ele interrompeu:

— Se me permite, gostaria de lhe fazer algumas perguntas a esse respeito, porque muito me impressiona sua preocupação com as pessos pobres em termos de bens materiais. Seria impossível você se preocupar um pouco com as pessoas espiritualmente empobrecidas, mas que têm muito dinheiro? Porque se conseguisse que algumas delas ficassem do seu lado, poderiam ajudá-lo a conseguir o que você tem em mente.

A resposta que recebeu estava repleta de sarcasmo:

— Por questões táticas, eu não perderia meu tempo com essa gente!

Sem a menor sombra de impaciência na voz, ele replicou:

— Tenho ouvido a categorização de todos os ricos como pessoas egoístas e destituídas de inteligência. Mas, na verdade, é preciso muito caráter, imaginação e força de vontade para construir uma vasta fortuna. Certo, estamos falando de dinheiro apenas, mas trabalhar com ele dia após dia na instável, tempetuosa e difícil atuação econômica em que vivemos não é assim tão fácil. Você tem de admitir que alguém que chega no topo do Continental Bank, ou onde quer que seja, não pode ser uma total e incorregível nulidade no que diz respeito a sua capacidade mental.

E continuou:

— Acho que existem exceções em todas as classes sociais. Existem mentecaptos entre os pobres e entre os ricos. No entanto, parece que se precisa contar com a ajuda da classe privilegiada para se conseguir alguma coisa, inclusive em termos espirituais. Por estranho que pareça, até no campo espiritual o dinheiro ajuda, e muito. Estou falando em termos práticos porque este é o ponto que mais me interessa. Acho ótimo dizer que se deveria ser pobre, mas o fato é que um pouco de dinheiro parece ser essencial.

Em seguida, voltando-se para o debatedor que acusou os professores de se venderem, continuou:

— São só os professores que se deixam comprar? Ou eu também me vendo? Este é o centro do problema. Será que estamos falando de uma mudança, no sentido de que algumas pessoas são mais vulneráveis ao poder material do dinheiro, mas eu não sou assim e, portanto, posso salvar a civilização? Ou somos todos afetados pelo problema e a mudança verdadeira virá quando formos grandes o suficiente para aceitar que a psique humana inclui certas tendências para tudo que é inferior? Temos uma questão muito importante aqui, se é de mudanças que estamos falando. Vamos dizer "Sei a resposta", "Temos todas essas tendências", porque ao compreendê-las, ao estudá-las, talvez a mudança aconteça por si própria.

Ele ainda foi mais longe:

— Queremos mudar porque o que temos não está funcionando, no mundo inteiro. Mas onde começa a mudança? Se for na estrutura social, então, claro, estou com vocês. Mas se começa no indivíduo, dentro de mim, então com certeza ela só se inicia quando me conscientizo de que dou pouco valor às coisas que não podem ser quantificadas. Se *eu* — fez questão de frisar bem esta palavra — me torno consciente de que dou valor a essas coisas, acontece uma correção do equilíbrio dentro de mim, por si só. Se conseguir ver de verdade que estou descendo a ladeira, vou começar a subir.

Embora colocasse uma ênfase nesta última frase, ninguém ao redor da mesa lhe pediu explicações quanto ao significado desse *ver*.

Anos mais tarde, já como membro do conselho consultivo da aplaudida *Enciclopédia Macmillan de Religião*, pedi a esse mesmo homem de negócios que contribuísse com um artigo sobre "Dinheiro e Religião". O ensaio que ele escreveu, sob meu ponto de vista, estava repleto de uma percepção extraordinária do problema, mas, faltando-lhe a base intelectual necessária, o artigo foi rejeitado pelos editores. Permitam-me citar os últimos parágrafos desse artigo nunca publicado.

Em toda criança normal, e não nos meninos, existe um sentido de aventura, uma disposição para correr riscos a fim de conseguir o que mais se deseja. Em um mundo onde o dinheiro está presente em tudo, os jovens precisam muito de ajuda para interiorizar essa sensação de risco, para que adquiram uma compreensão espiritual real do que acontece dentro e à volta deles. Sem ajuda, e sem a compreensão interior, é pouco provável que a obediência passiva, fruto do medo, às regras aprendidas na escola dominical — não furtar, não tomar o que não lhe foi dado — resista às tensões e pressões emocionais da vida, mais ainda em uma cidade grande. Cedo ou tarde a regra será quebrada, a menos que a vida, com sua demanda onipresente por dinheiro, seja vivida à luz de uma tradição espiritual. Cada vez mais, em todo o mundo, algumas questões sérias relacionadas com o dinheiro, tais como sua necessidade básica ou quanto bastaria para um determinado propósito, estão desaparecendo. O impulso para se conseguir sempre e cada vez mais dinheiro está se tornando uma força, cuja ação ninguém pode negar com facilidade, por mais incapaz que seja de ganhá-lo.

Uma compreensão superficial do lugar ocupado pelo dinheiro na vida espiritual, e de sua relação com a religião, através da oferta ocasional e impessoal, hoje já não ajuda muito. Sem um longo trabalho no próprio eu é impossível, em condições contemporâneas, ser generoso e livre no que diz respeito à força do dinheiro... Usá-la de maneira inteligente é conscientizar-se de sua função original de punir seres humanos a serviço de algo mais elevado, assim sendo, talvez seja necessário, hoje em dia, para a pessoa empenhada na busca, engajar-se nos negócios por si própria e voluntariamente durante algum tempo. Ou então, deparar-se com a necessidade de levantar do nada uma grande soma em dinheiro, em um período de longo tempo limitado, por alguma razão inexplicável. Em outras palavras, pode ser necessário dominar a ciranda financeira antes que se possa ver, com certeza, que o poder do dinheiro sobre a mente humana é limitado, e que existem coisas que o dinheiro não pode comprar.

Se o presente livro for bem-sucedido em esclarecer o significado do que está sendo dito aqui, então terá atingido seu propósito. O objetivo não é outro que sacralizar a questão monetária. Isso não significa tornar sagrado o dinheiro em si. Significa descobrir o lugar exato que ele deve ocupar no coração do mais importante empreendimento de nossas vidas — a busca para nos tornarmos aquilo para que fomos feitos, a serviço da grandiosidade que conclama todo homem ou mulher sobre esta terra em perigo.

GRANDES NEGÓCIOS
C. Northcote Parkinson
Formato 18 x 25
264 pág.
Hemus Livraria Editora
Tel. (011) 278-6872
São Paulo
(Ver pág. 125)

Grandes Negócios

C. NORTHCOTE PARKINSON

A Imagem Pública

Muito acima dos lugares habitualmente freqüentados pelos homens, no andar mais alto do mais alto edifício da mais movimentada zona de negócios da grande cidade, fica o gabinete do executivo-chefe da mais rica das companhias. Mesmo que nunca tenhamos tido a oportunidade de dar uma olhada nesse recôndito santuário, conhecemos-lhe a aparência, a atmosfera e o significado. Ele está mobiliado com dispendiosa simplicidade (aqui um Hogarth, ali um Matisse) e defendido por uma série de salas e portas. O grande homem, imaginamos nós, não é facilmente acessível. De meia idade, distinto, com o cabelo grisalho mas bronzeado, é visto por instantes entre seu automóvel e a entrada do edifício e novamente entre a entrada e o automóvel. Através do cinema e da televisão, concebemos um quadro do seu dia de atividade. Imaginamos, por exemplo, que sua mesa deva estar arrumada, com quase nenhum esforço da superfície escondido por papéis. Seu predecessor de tempos idos teria seis telefones em uso simultâneo, três secretárias e uma dúzia de executivos à mão, entrando e saindo por outras tantas portas. Mas este cenário está evidentemente fora de moda, uma vez que o capitão de indústria de hoje passa tanto tempo em reunião quanto ao telefone. Nossa educação televisiva, porém, é tal que nos permite imaginar o diálogo, do mesmo jeito que nos permite desenhar a cena:

"Ligue-me, por favor, com o sr. Vandeputt, de Amsterdã. Enquanto isso, ponha Lord Rochester na linha. É você, Neville? Aqui é o John. A resposta é "não". Mantemos nossa oferta de 9 milhões, mas, de momento, não a elevamos. O quê? Mas o nosso computador conta uma história diferente. Telefone-me novamente amanhã se tiver outra idéia. Espere, amanhã não, porque estarei em Vancouver. Adeus!... Ouça, senhorita Swift, conseguiu a ligação com Amsterdã? ótimo. É o sr. Vandeputt? Aqui é John Durant. As suas condições foram aceitas, apenas com uma ligeira modificação. O contrato já está a caminho, dando-nos uma participação de controle. O grupo, assim ampliado, ficará com o controle virtual do mercado. Você compreenderá que alguns dos nossos competidores terão que desaparecer. Estou planejando incluí-lo no conselho. Adeus."

O grande homem aperta um botão na sua mesa e a secretária surge como por mágica.

"Mande entrar os outros, senhorita Seymour."

Quatro executivos de cúpula entram em fila e tomam seus lugares a uma mesa hexagonal. A senhorita Seymour toma o sexto lugar e anota cada uma das decisões a que se chega. A discussão é demasiado específica e técnica para poder significar alguma coisa para um intruso, se houvesse algum (o que é inacreditável).

"É preciso estar de ôlho no comitê governamental de antipoluição, com vistas a uma possível ação daqui a algum tempo. O projeto 32 está pronto para ser submetido ao conselho. Dois milhões e meio deverão ir para o fundo de reserva. A força-de-trabalho na fábrica Z será reduzida de um terço. A partir de setembro se fará mais propaganda do produto G. Resta a questão relativa a Lagging, o gerente da fábrica em Y. Melhor despedi-lo imediatamente. De acordo? (todos acenam que sim com a cabeça). Marque entrevista para que ele venha ao meu gabinete na segunda-feira, senhorita Seymour. Algum assunto mais? Obrigado, senhores. Então, até a semana que vem."

A reunião termina e o grande homem volta a dirigir-se à sua secretária:

"Tenho que ir já para o aeroporto. Se o sr. Roebuck telefonar dentro dos próximos trinta minutos, transfira a chamada para meu automóvel. Se o sr. Harding ligar da tesouraria, ponha-o em contato com o sr. Levitt. Apresente as minhas desculpas ao embaixador francês quanto à recepção de sexta-feira. A todas as demais pessoas a quem seja necessário responder, diga que estarei de volta amanhã à tarde, a partir das três. Até lá."

O executivo-chefe foi-se, como um tufão, e todos os que ficaram relaxam-se por um momento, reduzindo-se à dimensões humanas. Já a algumas malhas de distância, um carro caro, conduzido por motorista particular, vai costurando seu caminho através do tráfego da cidade, enquanto o assistente particular do chefe chama o escritório e simultaneamente vai anotando num bloco às futuras entrevistas que devem ser marcadas:

"Na terça-feira, terei um encontro com o sr. Rising. Redija um memo para lhe perguntar... Espere um pouco. Atenda aquela chamada na outra linha. O sr. Roebuck? Sim... Sim... Sei. Telefone-me mais tarde, está bem? Tenho que pensar melhor nisso. Muito bem... Agora, aquele memo. Com quem é que Rising se casou e quando? Descubra isso, por favor."

O carro segue o seu caminho, em disparada, e nós ficamos olhando para ele, com uma grande interrogação: Como pode uma tão vasta organização ser dirigida com tão serena competência?

A nossa idéia de grande empresa poderia ser perfeitamente resumida numa cena como essa. Poderia ser alterada, evidentemente, para atender ao preconceito do leitor. Mas se a cena fosse reescrita em termos de estática veneração ou de virulenta ofensa, os elementos essenciais teriam de ser os mesmos. Todos nos agarramos à noção de que a organização considerada deve ser de grande porte, com numerosas fábricas e centros de distribuição e com não menos de 10 mil pessoas na folha de pagamento. Deve operar em larga escala de investimento e despesa. Seus interesses devem ramificar-se através de um continente, mais exatamente através de todo o mundo. Para se conseguir isso, tem que haver meios rápidos de comunicação — o telefone, o avião, o trem e o automóvel. Sem estes elementos de apoio, a direção central de um vasto império não seria tecnicamente possível. Mas, por trás desse controle centralizado, esconde-se um propósito único e inflexível. A empresa tem um objetivo que é de ordem puramente econômica. Seu sucesso avalia-se apenas em termos financeiros. Sua linguagem, como a de todos os negócios, é *dinheiro*.

A grande empresa dos tempos modernos foi invenção de Cornelius Vanderbilt (1794-1877), que fez fortuna à custa das estradas de ferro norte-americanas. Quando morreu, era o homem mais rico dos Estados Unidos, deixando 105 milhões de dólares a seu filho, que duplicou essa fortuna e se tornou o homem mais rico do mundo. Desde então, a grande empresa tem sempre sido considerada como um fenômeno típicamente americano. Talvez isso não seja inteiramente verdade, mas os milionários nos Estados Unidos gozaram sempre de uma espécie de eminência, que lhes era negada em países onde o tabuleiro de xadrez já estava ocupado por reis, rainhas, bispos e cavaleiros. Aparecido o navio a vapor, por volta de 1840, a estrada de ferro, por volta de 1850, e o telégrafo, por volta de 1860, passou a existir o novo tipo de homem de negócios. Já desde o seu surgimento, ele ficou simultaneamente sujeito à adulação e ao ataque.

Para compreendermos a imagem pública do milionário e a subseqüente imagem da grande organização que ele juntou, temos de considerar que a sua subida à proeminência coincidiu com o nascimento do que chamamos de democracia representativa. Em períodos anteriores da história, um homem rico — com a fortuna ganha muito mais vezes em atividades bancárias ou comerciais do que através da indústria — era fácil e prontamente aceito pela sociedade do tempo. Podia haver algumas manifestações de rejeição, alguns resmungos acerca da falta de boas maneiras do arrivista, mas a oposição acabava durando pouco. Um ou dois casamentos de conveniência eram o bastante para assegurar a eleição para o clube e permitir a conversão da riqueza em *status* social e poder político.

A democracia floresceu nos Estados Unidos durante a presidência de Andrew Jackson (1829-1837) e seu primeiro rebento foi o político profissional, o homem que abre caminho para o poder através da palavra. Desde esse tempo nos Estados Unidos e uma época posterior na Inglaterra, o homem do dinheiro foi progressivamente excluído do poder pelo homem da palavra. Houve exemplos de milionários com o dom da eloqüência, mas a riqueza podia também ser uma desvantagem para agradar o povo; e as características do milionário — tenacidade, previsão, energia, inflexibilidade — eram muitas vezes acompanhadas de restrições, timidez e desprezo pela multidão.

Um retrato familiar era o do industrial dos gabinetes do poder, mas capaz de subornar o político sem vintém. E assim a imagem pública do milionário foi-lhe desfavorável desde o início. Ele era considerado um homem que não mostrava interesse pelo bem-estar público. Seus motivos eram meramente econômicos e até patriotismo lhe faltava. Ele era capaz de vender munição para os inimigos potenciais de seu país. Não tinha escrúpulos de vender munição defeituosa para o seu próprio lado. Não se preocupava com as grandes questões políticas e muito menos ainda com o sofrimento dos pobres. Seu interesse único era fazer dinheiro, pagando o mínimo salário que alguém aceitasse e cobrando o preço mais alto que alguém pudesse pagar. Se esbanjava seu dinheiro numa vida desenfreada, aumentava o sofrimento dos pobres, ampliando o contraste entre os dois modos de viver. Se guardava dinheiro, estava privando os outros de emprego. Se deixava a fortuna para os filhos, eles seriam parasitas.

De qualquer modo, como não tinha cadeira de poder, era impossível votar contra ele. Mas o simples fato de ser rico era suficiente para imaginar que ele devia ter influência. Os políticos — especialmente os locais — começaram relativamente pobres, valendo-se do conhecimento direto que tinham do modo de viver dos pobres. Mas eram infensos ao suborno? Como se desenvolveria seu inevitável relacionamento com os homens de negócios de sua comunidade? Havia sempre a possibilidade de corrupção por trás de fatores desconhecidos.

Pouco sabemos acerca das grandes empresas. Talvez isso seja natural. Há cem anos, um homem vivaz poderia assenhorear-se de tudo que se conhecia sobre ciência química. Hoje isso não é concebível. Na verdade, qualquer pequeno ramo ocuparia a vida de um número de brilhantes cientistas. O mesmo mercado, desde computadores até publicidade, desde o *design* de um produto até a análise de sistemas — requer cada uma delas atenção de especialista. E, como todos bem sabemos, o especialista não é facilmente compreendido, a não ser pelos de sua própria espécie.

A grande empresa é o produto de várias forças. Em primeiro lugar, é o nosso empregador. Sabemos que também é um produtor. Conhecemos casos de triunfo e de fracasso, pelo modo como triunfo e fracasso se refletem nas vidas dos grandes aventureiros industriais. Sabemos que a grande empresa é uma força em si mesma, uma entidade sempre crescente, aumentando por expansão interna ou por absorção e fusão. E, lá em nosso recôndito, a maioria de nós tem medo da grande empresa.

Quando, em 1932, um estudo da concentração industrial norte-americana predisse que, dadas as tendências de então, as duzentas maiores companhias acabariam por se tornar virtualmente responsáveis por toda a produção industrial no prazo de trinta anos, isso não causou regozijo. Pelo contrário, desencadeou uma série de ataques contra as grandes empresas e obrigou o governo a tomar medidas para reprimir os monopólios. Porque a imagem pública da grande empresa raramente foi favorável. Sem dúvida, a grande empresa é uma realidade da vida, mas uma realidade que a sociedade não tem aceito facilmente. Desde o último quartel do século XIX, quando as grandes corporações passaram a ser estigmatizadas pela opinião pública, uma mistura de hostilidade e adulação coloriu a atitude da sociedade para com elas.

Uma simples vista d'olhos nos nomes das corporações gigantescas mostra que a maioria delas se encontra nos Estados Unidos. Sempre foi assim. Desde os dias heróicos de Rockefeller e Carnegie até o dia de hoje, da General Motors e da Chrysler; os mamutes fizeram dos Estados Unidos a sua pátria. E, porque esse país assistiu ao primeiro e mais vigoroso florescimento desses gigantes, a atitude pública para com eles tem sido mais extremada lá do que em qualquer outro lugar. Já em 1890 o Congresso aprovou legislação para sustar a ameaça representada pelas grandes empresas. Essas medidas legais ainda estão em vigor e as grandes empresas dos Estados Unidos ainda continuam grandes. Na Inglaterra, na Alemanha, na França, na Austrália e no Japão — na verdade, em todas as nações industrializadas do mundo não comunista — as grandes empresas são uma poderosa força social e econômica. Mais do que isso: através de sua rede de subsidiárias, não há nação no mundo capitalista que esteja fora de sua órbita.

Ameaça ou miragem? A avaliar pela opinião pública, ao longo da década, os perigos das grandes empresas parecem muito reais. Elas não apenas suportaram ataques partidos de muitos quadrantes — de governos, de tribunais, de economistas, de historiadores, de jornais e de novelistas — mas também há inúmeros exemplos de violência, de fraude e de intriga na formação e na conduta das corporações gigantes.

O preconceito antiempresarial têm raízes complexas. Em parte, a grande empresa compartilha do estigma que alguns apõem a toda empresa. Negras usinas satânicas substituem a cabana do tecelão; uma maquinaria zumbidora, com sua disciplina e sua rotina, derrota a habilidade individual do artesão. E a pressa do industrial em fazer lucro é freqüentemente considerada insalubre por pessoas que raramente param para pensar que o fazendeiro e o artesão são movidos pelo mesmo motivo.

Simplesmente, o tamanho apavora e as grandes empresas causam estupefação e inspiram medo. Evidentemente, é instintivo na natureza humana apoiar o fraco contra o forte. Os negócios das empresas gigantes parecem predatórios, porque crescem à custa dos pequenos negócios e adquirem ímpeto próprio. Acima de tudo, são ricas. Seu ativo conta-se em dezenas de milhões, suas decisões envolvem o destino de fortunas bem maiores do que as que eram transportadas no mais rico navio espanhol de tesouros. A riqueza traz poder e o poder provoca medo aos estranhos. As pessoas não têm defesa contra o poder da grande empresa e apelaram aos governos para que eles controlassem e restringissem o poder da corporação moderna.

Paradoxalmente, as grandes empresas também são temidas pelo pouco que se sabe sobre elas. Quanto mais uma corporação cresce, mais se esconde nas sombras. As palavras da marca são familiares, mas as figuras que se escondem por trás dessa marca parecem remotas, até mesmo sinistras. Hoje, as corporações já ultrapassaram, de longe, as concepções de seus fundadores, mesmo os mais ambiciosos e imaginativos. A propriedade individual ou familiar de grandes firmas é coisa do passado. As corporações tomam decisões que afetam a vida de milhões de pessoas e até mesmo a prosperidade das nações. No entanto, o público não sabe quem toma tais decisões. O anonimato da grande empresa, a imagem de "homens sem rosto" controlando uma riqueza que ninguém sabe a quanto monta e manipulando as atividades de uma nação — isto é uma parte da idéia que o público faz de uma corporação.

O público não entende as grandes empresas. As forças que geram as gigantescas corporações e as fazem tornar-se cada vez maiores só podem ser vistas em termos de algum monstro devorador. Remota, complexa, mecânica, inexorável, a empresa gigante parece existir independente dos homens que aparentemente a controlam.

John Kenneth Galbrath escreveu acerca da função das grandes corporações na sociedade moderna. Segundo ele, a soberania do consumidor desapareceu esse, dando lugar à soberania da corporação. As firmas não produzem além do que o consumidor pede. Os imperativos da produção em larga escala e a vasta acumulação de capital requerida pela produção moderna e pela tecnologia determinam que as firmas decidam o que e quanto deve ser produzido. O consumidor aceita passivamente o produto final. O próprio Galbraith não condena explicitamente estas atividades; ele as encara como conseqüência inevitável da tecnologia moderna e anota-as, mais ou menos como um estóico medieval anotaria a peste. No entanto, este retrato do comportamento das firmas e dos homens de negócios é uma expressão do medo sentido talvez por todos nós.

De outro ponto de vista, as grandes corporações também parecem estar em guerra com a sociedade. Empresa traz poluição, grande empresa gera grande poluição. Fábricas desagradáveis à vista e blocos de escritórios empanam a paisagem campestre e urbana. A indústria luta com os amantes do ar livre, na disputa pelos espaços abertos. Alguns dos grandes patrimônios naturais do mundo estão ameaçados de exploração por firmas gigantes. E a indústria produz resíduos que envenenam os rios e lhes tiram a cor e poluem a atmosfera. Uma grande parte da preocupação de hoje com a degradação do ambiente natural está relacionada com atividades de grandes empresas.

Raramente o homem de negócios tem sido retratado como um herói por aquele que mais influência exercem na formação da opinião pública. Na liberdade, os valores do comércio têm muitas vezes sido postos em contraste com os valores da gentileza e da caridade; entre os historiadores sociais, os danos causados por donos de fábrica e a amoralidade dos manipuladores industriais têm sido tratados com mais ênfase do que o romance de empreendimento; e entre os economistas os termos "monopólio" e "oligopólio" implicam um criticismo que sugere mais do que exatamente "competição pela riqueza". Na verdade, a palavra "empreendimento" sugere iniciativa, arrojo e imaginação. Mas, se lhe juntarmos os adjetivos "grande" e "corporativo", surgem conotações bem diferentes: algo de incontrolável, de parasítico e de predatório nos vem à mente.

Logo que se deu a revolução industrial na Inglaterra, nos Estados Unidos e na Europa Ocidental, e pelo fim do século XIX na Rússia e no Japão, a hostilidade para com as empresas cresceu. Os românticos vitorianos Carlyle, Ruskin e Dickens jogaram suas arengas contra uma sociedade industrial. Na Rússia, o *Pomar das Cerejeiras*, de Tchecov, do mesmo modo deu ênfase à vulgaridade e à rudeza da conduta da classe média. Mais tarde, Arnold Bennett, Priestley, Orwell e muitos outros continuaram a denunciar os abusos do industrialismo. Mesmo nos Estados Unidos, algumas novelas principiaram a refletir o espírito antiempresarial do tempo. As sórdidas atividades comerciais de um magnata de Chicago dos anos 90 foram descritas na trilogia. *O Financista, O Titã* e *O Estóico*, de Theodore Dreiser. *A Selva*, de Upton Sinclair, expôs os horrores da indústria de enlatamento de carnes de Chicago no princípio do século XX, enquanto Dos Passos e John Steinbeck multiplicavam os ataques às práticas comerciais em crescimento depois da I Guerra Mundial.

As estórias acerca de políticos agindo como marionetes dos ricos são realmente numerosas, mas ganham talvez o seu ponto mais dramático nos filmes *Mr. Deeds Vem para a Cidade* e *O Cidadão Kane*. O personagem principal do segundo e mais satírico desses filmes foi baseado na figura de William Randolph Hearst (1863-1951), um homem rico e influente que não foi ele próprio como homem público. Quando o mesmo tipo de sátira se espelhou na Inglaterra, foi efetivamente usado por Hilaire Belloc (1870-1953), que escreveu várias novelas em que a corrupção política era descrita e apresentada como ocorrência comum. A conspiração de *Uma Mudança no Gabinete* (1909) ilustra a invasão da Câmara dos Lordes pelos novos ricos.

A partir de 1912 seguiu-se uma série de novelas mais ou menos semelhantes, sendo as mais importantes as de G.K. Chesterton. Tais livros continuaram a aparecer, a intervalos regulares, até 1936, todos mostrando o impacto das grandes empresas sobre uma forma de governo mais ou menos democrática. Seu efeito, como se esperava, foi perturbador.

Um retrato diferente veio de H.G. Wells, cujo Tio Ponderovo, em *Tono Bungay*, deve sua súbita riqueza à energia e à falta de escrúpulos. O tio e o sobrinho comercializam um imprestável medicamento (Tono Bungay), que continha, segundo eles, o segredo da saúde, da beleza e da força:

"Era um jogo absurdo, mas absolutamente interessante, e os pontos eram contados em caixas de garrafas. As pessoas pensam que uma idéia feliz é suficiente para tornar um homem rico, que se podem fazer fortunas sem usar ferramenta. É um sonho, como qualquer milionário (exceto um ou dois jogadores com sorte) pode testemunhar. Duvido que J.D. Rockefeller, nos primeiros tempos da

Standard Oil, tenha trabalhado mais duramente do que nós."

Seu medicamento é um grande sucesso e Tio Ponderovo enfatiza o que o sucesso pode significar na Inglaterra:

"É maravilhoso este velho sistema inglês, George. É sério e estável e, no entanto, tem lugar para novos homens. A gente sobe e toma o seu lugar. Praticamente, é isso que se espera. Dão-nos uma ajuda. É aí que a nossa democracia difere da América. Lá, um homem vence e tudo que consegue é dinheiro. Aqui há um sistema — aberto seja para quem for."

Evidentemtne, isto era verdade. Homens ricos e poderosos podiam ser admitidos na Câmara dos Lordes e assim absorvidos pelas mais altas classes de uma sociedade bem organizada.

Em contraste com Belloc e Wells, Rudyard Kipling fornece-nos, no *Capitão Corajoso* (1894), o retrato de uma magnata de estrada de ferro americano, que é bem mais simpático. Mr. Cheyne subiu na vida pelo caminho difícil, chegando à riqueza depois de uma caminhada de árdua aventura. Mesmo arruinado e deixado sem vintém, ele provavelmente seria capaz de voltar ao princípio e fazer de novo. Este é, no entanto, um retrato isolado, George Bernard Shaw apresenta um bem mais familiar em *Os Milionários.*

"O que se pode fazer com aquela fauna de possuidores de talentos especiais, cujo talento serve para fazer dinheiro? A história e a experiência do dia-a-dia ensinam que, se o mundo não conceber um plano para dominá-los, eles dominarão o mundo. Na realidade, não é desejável que eles dominem o mundo porque o segredo de fazer dinheiro está em não se preocupar com mais nada e não fazer mais nada senão isso; e, como o bem-estar do mundo depende de ações com as quais nenhum indivíduo pode fazer dinheiro, enquanto a ruína do mundo pela guerra, pela bebida, pela doença, pelas drogas e pelo deboche e enormemente proveitosa para os fazedores de dinheiro, a supremacia do fazedor é a ruína do Estado. Uma sociedade que depende do incentivo da propriedade privada está condenada."

O problema do milionário numa sociedade democrática continua sendo um problema, a não ser na medida em que os milionários possam resolvê-lo por si mesmos.

Os negócios têm recebido pouca simpatia por parte dos historiadores. Uma vez arrefecido o primeiro entusiasmo pelas maravilhas da indústria moderna no princípio do século XIX, instalou-se uma atitude questionadora muito mais crítica. O entusiasmo do *Progresso de Uma Nação*, de George Porter, e a adulação de *Vidas dos Engenheiros*, de Samuel Smiles, deram lugar à desilusão de historiadores sociais radicais como Charles Beard, William Prescott, Henry Adams e Charles Adams. Todos eles tinham fortes preconceitos contra os valores e a prática dos negócios. Charles Adams foi um caso excepcional, na medida em que se tornou um bem sucedido homem de negócios, atingindo por fim a presidência da grande Union Pacific Railroad Company. Ele escreveu acerca dos seus colegas de negócios: "Essa turma desinteressante, com quem faço questão de não me encontrar. Não tenho interesse em me encontrar novamente, neste mundo ou no outro, com nenhum dos que já conheci; nenhum deles está associado, no meu espírito, à idéia de humor, de pensamento ou de delicadeza." Ao terminar o século, Thorstein Veblen criticou severamente os valores do capitalismo norte-americano. Veblen, mais do que qualquer outro escritor, exceto Marx, deu forma ao moderno ataque intelectual contra os negócios. Sua *Teoria da Classe do Lazer* fez uma distinção categórica entre indústria — o processo produtivo de fabricar bens — e negócios — a luta anti-social pelo lucro. A necessidade darwiniana, existente no homem, de competir com os outros e estabelecer a sua superioridade e domínio, reflete-se no comportamento e nos ideais dos negócios. Os negócios não seriam senão uma manifestação do lado pervertido da natureza humana.

Como vimos, a reação e a hostilidade contra as grandes empresas apareceram primeiro nos Estados Unidos. O Sherman Anti-Trust Act de 1890 foi promulgado, ironicamente, alguns anos antes da maior, mais chocante e mais incontrolada explosão de crescimento das corporações gigantes na história do país. Foi a era dos "barões gatunos". "Nada se perdeu, a não ser a honra", como um dos mais conhecidos deles, Jim Fisk, disse uma vez. No decurso da primeira década do século XX, o clamor contra as grandes empresas entrou em *crescendo*. As denúncias de corrupção através da imprensa principiaram por toda a parte. As mais lidas revistas da nação traziam história atrás de história de fraudes, de crimes e de corrupção das grandes empresas. A realidade transmudava-se em ficção. Até uma obra acadêmica como a *História da Standard Oil Company*, de Ida Tarbell, se alongava pesadamente sobre a maior empresa de petróleo do mundo.

Os economistas acadêmicos

raramente estiveram entre os admiradores das grandes empresas. A teoria clássica ortodoxa assenta numa base ideal de "perfeita competição", em que muitas firmas competem umas com as outras e em que os preços são arrastados para o seu ponto mais baixo, permitindo aos competidores cobrir os custos e obter um lucro "normal" mas não excessivo. Desvios desta situação, em que uma firma possa auferir um lucro anormal, praticando preços elevados ou restringindo os fornecimentos, sem receio de competição, são contra o interesse público. Os economistas cunharam expressões de abuso, para descrever tais situações — "competição imperfeita", "perfeito monopólio" (quando uma firma é a única produtora de um artigo), "oligopólio" (quando umas poucas grandes firmas controlam o mercado e constituem, presumivelmente, um conluio anti-social).

A crítica às grandes empresas era violenta entre 1900 e 1910, mas foi abruptamente sufocada pela I Guerra Mundial. Os governos que tinham legislado contra o monopólio viram-se, repentinamente, perante a necessidade da concentração. Em condições de tempo de guerra, era conveniente, do ponto de vista prático, lidar com ela ramo da indústria como um todo. A coordenação era vital para o transporte do abastecimento e as grandes firmas, sendo em menor número, eram mais facilmente coordenadas. Os suprimentos de petróleo e aço eram fundamentais ao esforço de guerra e ambos os setores estavam já organizados em consórcios gigantes. Os capitães de indústria, que tinham sido acusados de conluio anti-social, eram agora trazidos para comitês de presidência governamental. Sob a necessidade da coordenação, estabeleceu-se um inesperado acordo entre os serviços de guerra e os crentes do socialismo. Os generais e almirantes queriam um serviço centralizado de controle, os socialistas queriam a mesma coisa, mas encaravam-no como o primeiro passo para a nacionalização.

Foi muitas vezes o comitê do tempo de guerra que, inconscientemente, preparou o caminho para a fusão do pós-guerra. Em tempo de guerra, os capitães de indústria não podiam ser atacados por competição desleal com seus rivais. A máxima expansão de seus negócios era apenas parte do esforço de guerra. Também eles eram heróis, a seu modo, como eles próprios eram os primeiros a admitir. Durante o período da guerra e por alguns prósperos anos depois dela, eles se aqueceram ao sol de uma inusitada popularidade.

A imagem apresentada pela corporação gigante não está, de modo algum, totalmente deslustrada; nem a hostilidade prevaleceu sempre contra ela, mesmo nos Estados Unidos. A prosperidade favoreceu, habitualmente, a grande empresa; a depressão acarretou desilusão e oposição. Não há exemplo mais claro que o dos Estados Unidos depois da I Guerra Mundial. Foi uma era dourada de crescimento, confiança e habilidade da indústria norte-americana para levar a nação a uma prosperidade permanente. Os americanos acreditavam nas grandes empresas. Sua fé refletia-se em muitas coisas, nenhuma das quais, porém, mais eloqüente do que o sucesso do livro *O Homem Que Ninguém Conhece*, de Bruce Barton. Durante dois anos seguidos, na década de 20, este foi o livro de não ficção mais vendido naquele país. O assunto da obra era a cristandade e ela vendia religião aos norte-americanos, mostrando-lhes a semelhança com as grandes empresas. Jesus não era simplesmente "o convidado mais popular para o jantar" em Jerusalém, era também um dos "maiores executivos" de todos os tempos. "Ele pegou doze homens das mais baixas camadas do mundo dos negócios e transformou-os numa organização que conquistou o mundo... Em parte alguma existe um exemplo de tão esplendoroso sucesso executivo como o modo pelo qual esta organização foi realizada." As parábolas de Jesus foram "os mais poderosos anúncios de todos os tempos" e Jesus foi, de fato, "o fundador da moderna empresa".

Depois deste período de prosperidade, veio a grande derrocada de 1929 e a amarga depressão mundial que se lhe seguiu. Desmoronou-se o prestígio dourado do mundo dos negócios. A muitos pareceu que o capitalismo tinha falhado. Não constituíam surpresa as numerosas fraudes e práticas antiéticas expostas entre as ruínas da economia arrasada do mundo. Como não chegavam a ser surpresa os renovados esforços dos governos para controlar os monopólios gigantes. Ao acabar a II Guerra Mundial, a hostilidade pública contra as grandes empresas não tinham diminuído, praticamente. A uma já forte desconfiança nas práticas econômicas de uma indústria em larga escala, veio juntar-se a convicção generalizada de que às grandes empresas dos países do Eixo cabia uma grave responsabilidade política pela guerra. Os governos aliados estavam dispostos a nunca mais permitir a emergência de fábricas de armamento tão grandes quanto a Krupp da Alemanha ou de grupos como a Mitsubishi do Japão.

Nos Estados Unidos a II Guerra Mundial tinha fornecido inconscientemente um disfarce para o desenvolvimento das grandes empresas:

"Ninguém nega a enorme contribuição das grandes empresas para a segurança nacional. Mas as exigências do tempo de guerra também contribuíram para um considerável aumento na escala dessas empresas. Dos 18 bilhões de dólares gastos na construção de fábricas exigidas pela guerra entre 1940 e 1943, cerca de três quartos foram para unidades de mais de 10 milhões de dólares e aproximadamente um terço para unidades de mais de 50 milhões. Além disso, foram construídas e operadas por companhias privadas, para o governo, fábricas de montante de cerca de 15 bilhões de dólares. Um montante de 7,5 bilhões de dólares de contratos do governo para a construção de fábricas foi dado a 31 corporações, o que significa uma média de 200 milhões por corporação. O grosso dos principais contratos foi para as grandes companhias... e isso teve como conseqüência o aumento da disparidade entre as grandes empresas e o resto da estrutura econômica, provocada pela experiência da guerra."

Lentamente, porém, à medida que a recuperação econômica foi sendo obtida depois da guerra, foi-se alterando a opinião pública. Desde mais ou menos 1950, as grandes empresas gozaram novamente, senão de favor, pelo menos de maior aceitação. As mudanças de opinião pública nunca são fáceis de localizar com precisão ou de explicar. Uma das razões para essa crescente tolerância devem seguramente ter sido a prosperidade sem paralelo e o pleno emprego na maioria dos grandes países industriais desde o início da década de 50. Como ocorreu nos Estados Unidos depois da I Guerra Mundial, a riqueza suavizou o descontentamento. Principalmente a natureza e o papel das grandes empresas estão mudando e, em vários sentidos, isso melhorou sua imagem pública. Gradual e sutilmente a grande empresa acabou vestindo-se com um manto — muita gente diria ainda com um disfarce — de responsabilidade social.

Foram muitos os fatores que contribuíram para esta mudança. Desde a II Guerra Mundial, os governos de quase todos os países ocidentais passaram a tomar parte mais ativa na direção da atividade econômica. Eles têm por exemplo, tentado regular o emprego, os preços e a taxa de crescimento econômico. Para conseguirem esse controle, foram obrigados a apelar para os líderes da indústria (e organizações trabalhistas) para que colaborassem em tal política e isso deu, em contrapartida, uma aura de respeitabilidade a esses líderes. Na Inglaterra, por exemplo, é comum as mais destacadas figuras industriais figurarem em listas de concessão de honrarias e numerosos presidentes de grandes corporações são cavaleiros e pares do reino. Além disso, o cada vez mais amplo setor público, com suas grandes indústrias nacionalizadas, tem feito freqüentes incursões no domínio capitalista, para obter para si próprio líderes de sucesso.

Os governos, quer gostem disso quer não, dependem das grandes empresas para levar adiante, com êxito, a sua política de defesa, porque só as grandes corporações têm os recursos de capital e tecnologia para a realização de empreendimentos como o programa espacial dos Estados Unidos. Do mesmo modo, um projeto apoiado pelo governo, como o Concorde, tem que ter na retaguarda a cooperação de corporações gigantes. Acima de tudo, as metas de crescimento dos governos dependem da prosperidade industrial e do sucesso das exportações das grandes indústrias. O governo britânico observa ansiosamente a situação da British Leyland, por exemplo, e a imprensa nacional noticia o lançamento de um novo modelo de automóvel como um acontecimento de significado nacional.

Alguns fatores mais sutis influenciaram a reação do público às grandes empresas. As grandes firmas são, de modo geral, bons patrões. Boas condições de trabalho, férias, planos de pensão, restaurantes subsidiados, aluguéis de casa baratos; estes e outros "benefícios" evoluíram no sentido de reduzir o antagonismo inerente à condição de empregador e de empregado. Os nomes dos grandes líderes já não significa capacidade e avidez. Nobel, Rockefeller, Carnegie, Ford e Nuffield deixaram fundações de caridade e assim se tornaram tão doadores quanto tomadores.

Acima de tudo, não aconteceu o que a princípio se temia com respeito às grandes empresas. Longe de dominarem a vida econômica, é duvidoso que as indústrias estejam agora mais concentradas do que estavam há quarenta anos. A verdade é que, nos Estados Unidos, o clímax do monopólio foi atingido nos primeiros anos do século XX. Tornou-se óbvio, mesmo então, que a competição não desapareceu. Desde esse tempo, as pequenas companhias foram-se multiplicando, enquanto as grandes cresciam. Não são muitas as que podem competir vigorosamente e os líderes de hoje não têm mais o propósito de destruir toda a competição.

O monopólio também ficou enfraquecido, na medida em que a empresa se tornou internacional. Poder-se-ia alegar, tempos atrás, que o mercado do automóvel nos Estados Unidos estava dividido entre a General Motors, a Ford e a Chrysler e que qualquer acordo tácito entre as três teria estabelecido na área uma competição bastante imperfeita. Mas o mercado foi, desde então, invadido pela Volkswagen e pela Fiat, pela British Leyland e pela Renault, pela Toyota e pela Honda. Para fins de exportação, o mercado é mundial, podendo a sofisticação da produção em massa num país ser contrabalançada por salários mais baixos em outro. Os Estados Unidos tentaram evitar o monopólio por meio de legislação, mas o reais limites foram estabelecidos pelos competidores. A ICI ocupa uma posição mais forte na Inglaterra do que qualquer grupo químico nos Estados Unidos, mas tem que enfrentar a competição de outros gigantes na Alemanha e na Suíça. Não existe, e jamais existiu, um monopólio mundial de petróleo, de aço, de produtos químicos, de cobre, de alumínio ou de borracha. O monopólio também está longe do mundo do automóvel e do trator, do equipamento elétrico e das máquinas de escritório.

Talvez se possa afirmar que, em algumas ocasiões, uma certa corporação, como a Ford ou a IBM, tenha tido uma liderança decisiva ou uma posição de comando, mas em geral os monopólios foram poucos e não duraram muito tempo. Além disso, onde eles foram estabelecidos por lei ou regulamento governamental, como no caso do privilégio concedido a uma certa linha aérea doméstica, raramente os monopólios se mostraram lucrativos. Uma pequena companhia que tente invadir o território de um grupo local depara com reais dificuldades, mas isso não prova que haja monopólio. Os monopólios que realmente existem foram criados, em sua maioria, por governos de esquerda, de acordo com a teoria socialista. Se a grande empresa tiver que ser acusada de estabelecer monopólio, o veredito terá que ser "inocente".

Não seria justo imputar a qualquer economista, individualmente, a responsabilidade pela divulgação do mito do monopólio. Não podemos atribuir o engano nem a Karl Marx. A verdade é que o mito é quase tão velho quanto a humanidade. Houve sempre queixas de que os homens desapiedados engendraram grandes propriedades para si próprios, destruindo povoações e desalojando milhares de pessoas. A ascensão do novo rico é sempre notada e deplorada. Se estudássemos apenas as fontes literárias, ficaríamos admirados com as dificuldades de qualquer pequena empresa teve que superar para sobreviver. Mas um estudo mais acurado das propriedades agrícolas, comerciais ou industriais revelará que a formação de amplos patrimônios é largamente contrabalançada pela tendência oposta — a fragmentação dos patrimônios que outrora foram grandes. A diferença reside na ostentação que revela um dos processos e na obscuridade que esconde o outro. O proprietário dissipador evita chamar a atenção para a venda paulatina de sua propriedade, para esconder ou pelo menos adiar a sua perda de importância. O comerciante mal sucedido não tem motivo para revelar o fato de que uma parte do seu negócio foi comprada por outra pessoa. O industrial cala-se acerca da transação na qual perdeu uma de suas fábricas. Famílias outrora prósperas mergulham novamente na obscuridade sem estardalhaço, enquanto toda a nossa atenção está concentrada na subida meteórica dos mais afortunados. As companhias são como famílias. Ultrapassado o seu apogeu, ninguém se dá ao trabalho de pôr em crônica as transações que marcam seu declínio e sua queda. Nossa única surpresa é notar, por acaso, que alguma companhia que considerávamos falida ainda prossegue operando. Pensávamos, dizemos então uns aos outros, que ela tinha morrido já há alguns anos.

As grandes empresas fizeram uma longa caminhada desde os primeiros e caóticos dias experimentais do século XIX. Os líderes industriais são hoje mais discretos e inacessíveis, embora o mundo da alta finança e a manipulação bolsística continuem produzindo seus Blooms e Cornfelds. O público hoje conveve com a grande empresa, mas isso, em parte, porque a grande empresa aprendeu a viver com o público.

Valor e Futuro das Grandes Empresas

O pano de fundo da cena em que se desenrola nossa vida dia a dia é em boa parte criação da grande empresa. A natureza pode fornecer a terra, o ar e a luz do dia, mas muito do resto que vemos e sentimos foi fabricado e produzido em massa. A gente se levanta pela manhã, usando um creme de barba que não exija pincel, e se barbeia com uma lâmina inoxidável. Tomamos o desjejum de café e cereais, escutamos rádio enquanto dirigimos, a caminho do escritório, um automóvel movido a gasolina e que se desloca sobre pneus de borracha e temos as nossas cartas datilografadas numa máquina elétrica. Dificilmente podemos, assim, principiar o dia sem os serviços da Colgate-Palmolive, da Wilkinson, da Kellogg, da Nestlé, da GEC, da Standard Oil, da General Motors, da Dunlop e da IBM. Há quem pretenda que todo esse equipamento circundante acidental é de significação marginal, que os nossos pensamentos são nossos mesmo, que as nossas almas são livres. Somos, pensam essas pessoas, o que em qualquer caso deveríamos ser — seres humanos com instintos naturais e limitações herdadas, homens com uma fagulha do fogo divino, capazes de amor, de raiva e de poesia, acorrentados à terra mas procurando alcançar as estrelas. Mas é isso inteiramente verdade? Nossas idéias, tal como nossas vidas, são formadas pela civilização em que atualmente vivemos. Nossas energias são afetadas pela nossa dieta, nossa religião pela expectativa de vida, nossa moralidade pelos anticoncepcionais, os músculos das nossas pernas pelo automóvel, nossa saúde pelo fumo e nossa sobriedade pelo gim. Somos da mesma substância de que se formam as parelhas de cavalos e nossas curtas vidas são bastante semelhantes às dos carneiros. Se nos faltarem os auxílios materiais que nos cercam, nós não seríamos as mesmas pessoas que somos. É isto materialismo de mau gosto? Muita gente pensa que sim, apontando outras atividades que parecem mais espirituais. Nós temos opiniões políticas e aspirações culturais. Mas essas opiniões e aspirações estão realmente divorciadas do apartamento e do carro, do sítio para fim de semana e da cabina da lancha de cruzeiro? Não se originam elas da televisão — ou pelo menos não serão reforçadas por ela? Ao longo da História, os fatos materiais foram sempre de verdadeira e grande importância. Hoje, são mais importantes do que nunca.

Ao considerar este mundo material, muitos de nós o encaramos como obra da ciência e da invenção humana. Devemos o transístor ou a penicilina, pensamos nós, a homens de gênio. Num certo sentido, isso é verdade. Sem o talento do inventor, o transístor não existiria. Mas precisamos entender que nenhum golpe de gênio inventivo poderia ter trazido o rádio transistorizado para a nossa mesinha de cabeceira. Isso foi obra do fabricante. Ainda mais, isso foi especificamente obra da grande empresa, uma façanha da produção em massa e da análise de custos. Uma coisa é conceber um rádio de transístores e outra produzir 1 milhão deles, a um preço que permita a 1 milhão de pessoas comprá-lo. A tecnologia por trás do telefone é tão notável quanto o próprio instrumento. A idéia do submarino é séculos mais velha do que o primeiro navio desse tipo — a invenção foi inútil até que a tecnologia conseguisse transformá-la em realidade. No que se refere a objetos de uso diário, é aplicável o mesmo princípio, mas há que acrescentar a contribuição da publicidade. Uma vez inventada uma utilidade ou um objeto de luxo, o processo é vendê-lo a uma minoria rica, juntar-lhe a atração de estar sendo usado pela elite e, então, baixar o preço de tal forma que a mesma coisa se torne acessível a todos, até mesmo aos pobres. No que diz respeito a produtos de consumo, a função da grande empresa é criar demanda e depois satisfazê-la. Isso se faz com uma tremenda habilidade e o ambiente que nos cerca é o resultado desse processo, que se veio desenvolvendo ao longo dos últimos cem anos e especialmente durante os últimos cinqüenta. Quando estudamos esta transformação de nossas vidas, com seus profundos efeitos sobre o caráter, a saúde e a energia, inevitavelmente ficamos impressionados com a eficiência da grande empresa. Seja o que for que pensemos do resultado final, o processo representa um triunfo de previsão, de planejamento, de imaginação e de competência. Temos razões para supor que esse processo continuará, ainda em mais larga escala e a mais alta velocidade. Podemos até sentir a tentação, como H.G. Wells, de desenhar um futuro utópico, com o mundo melhorado e embelezado pela ciência.

* * *

É provável que a grande empresa venha a exigir, à medida que o tempo for passando, uma falta ainda maior do talento humano disponível. Mas estará a grande empresa destinada a tornar-se ainda maior? A resposta é que isso tem que ser. A pesquisa que alicerça as grandes descobertas, quer as geofísicas do Alasca, quer as químicas de Mannheim, exige uma escala de investimento que ultrapassa as possibilidades da firma de família. No setor de *design* e construção de aviões, por exemplo, a duplicação dos esforços feitos por grupos rivais não pode deixar de ser considerada, em última análise, como antieconômica. Quando a BAC se associa com a Hawker-Siddeley, temos que admitir que a associação é racional. Independentemente disso, há vastas zonas do mundo em que a moderna indústria ainda não penetrou. O obstáculo é o nacionalismo, mas provavelmente ele acabará dando passagem à lógica do progresso. Com a abertura das fronteiras nacionais, as companhias subsidiárias deverão multiplicar-se e os impérios de negócios deverão estender-se. Se há limites para a expansão industrial, podemos confiadamente afirmar que ainda não os atingimos. Quanto aos perigos com que imediatamente nos defrontamos, eles não se devem à grande empresa como tal, mas sim ao fato de que as nossas instituições políticas são obsoletas. Nossos votos e nossas eleições, nossas assembléias e comitês são coisas inadequadas para o mundo em que atualmente vivemos.

O avião a jato pertence ao futuro, as barreiras alfandegárias, ao passado. Vê-se a verdade disso quando ela aparece caricaturada numa Irlanda, mas as nossas idéias (como o socialismo) são, em muitos casos, do tempo do carro de cavalos. Onde quer que a tecnologia nos leve, nossos políticos ficarão muito para trás. À medida que isto se torna cada vez mais notório, tem que surgir um movimento para enquadrar os líderes dos negócios do mundo numa espécie de governo mundial, seja qual for, não apenas porque eles têm uma contribuição a dar, mas porque são importantes demais para serem deixados de lado. Eles representam, acima de tudo, muita coisa que é contemporânea e real. Comparadas com os grupos industriais, as nossas instituições políticas são, em sua maioria, antiquadas, ineficientes e espúrias.

A liderança das nações ocidentais pertence, sem contestação, aos Estados Unidos, mas tem o seu centro mais em Nova York do que em Washington, Nova York é a cidade que o imigrante europeu naturalmente busca, de guia turístico na mão. Quando o avião pousa o imigrante passa em revista, uma vez mais, o seu conhecimento, memorizando o que deveria saber sobre o presidente e o Senado, o sistema de partidos e as eleições, a democracia, a liberdade e a supremacia da lei. Quando o carro que o conduz se encaminha para dentro da cidade, depois do pôr do sol, com a luz esmaecendo por sobre Manhattan, ele se pode sentir autoconfiante e perspicaz, ao identificar o City Hall, a Catedral e todos os demais monumentos que esperava ver, como o tribunal e a residência oficial do prefeito. Então, à medida que vai entrando pela cidade propriamente dita, surgem as luzes, os arranha-céus cintilando de encontro ao céu enegrecido, os anúncios de neon bruxuleando em movimentos coloridos e toda a linha do horizonte alumiada, desde Battery até o Central Park. Toda a arquitetura carrega uma mensagem, e a Nova York vai direto ao ponto: o que importa é o que se vê. A vida de Nova York está aí diante das pessoas, subindo até as nuvens e mais brilhante que as estrelas. Os gigantes elevam-se acima de tudo mais — o Empire State e a Rockefeller Plaza, o Pan-Am Building e a Time-Life Tower. De um arranha-céus, a IBM nos dá a temperatura e a meteorologia, de outro lucilam as notícias do dia. Mais acima de tudo, as torres da televisão enviam a sua mensagem para o mundo e os escritórios empilhados em volta de Walt Street palpitam de energia, perspicácia e ameaça. Washington pode representar um sonho, mas Nova York é a realidade. Sejam quais forem as teorias em voga, os fatos são estes.

Vai haver leitores deste livro que daqui a poucos minutos o largam e abanam a cabeça uma última vez acerca dos motivos que sórdidos que prevalecem nos negócios. Quanto mais nobre, vão eles suspirar, é trabalhar pelo bem da humanidade! Quanto mais admiráveis, segundo a avaliação popular, são os jogadores de futebol, os artistas de televisão, as pessoas que não sabem cantar mas gemem a um microfone! Em comparação, como são aviltantes aqueles que trabalham só por lucro... Este é um ponto de vista muitas vezes exteriorizado. Mas, quando a gente olha para o mundo que nos cerca, do Vietnã à Bangladesh e da Palestina à Belfast, o que se descobre são pessoas de crenças fanáticas, que se jogam em conflitos, na destruição e no suicídio. Argumentar-se-à que a crença numa religião verdadeira deveria ensinar essas pessoas a viver em paz. Deveria, sim, mas uma verdadeira crença no valor do dinheiro lhes ensinaria essa mesma lição em muito menos tempo. Elas se ocupariam muito mais utilmente e muito mais inocentemente em realizar lucro. São os arrogantes e os fanáticos que causam o mal, trabalhando ou conspirando em nome de altos ideais. Pelo contrário, aqueles que se ocupam de negócios, especialmente de grandes negócios, sabem que é tolice questionar com os clientes ou mesmo com os rivais. A essência do negócio é, normalmente, deixar todo mundo feliz — o fornecedor, o fabricante, o atacadista, o varejista e o freguês. Todos entraram livremente numa transação e todos ganharam com ela. Sem uma certa dose contínua de liberdade é a essência do negócio.

"E há também o ar limpo, a atmosfera funesta do comércio; uma atmosfera mais limpa, mais clara e mais honesta do que qualquer outra que eu conheça. É praticamente o único setor da atividade humana em que se pode chegar a um resultado realmente claro, em que tudo que se faz é feito para isso mesmo, sem nenhuma intenção reservada. Raramente é possível, por exemplo em política, esta redução de propósitos a um só. O 'sim' ou 'não' do comércio, simples, direto, claro e honesto, é difícil de encontrar em qualquer outra alameda da vida.

Na comparação sugerida entre o homem de negócios e o político, a questão é que o político, pretendendo fazer muito mais, pode acabar fazendo muito menos. E o grande perigo para as grandes empresas, presentemente e para o futuro, nasce do contato com o governo: o subsídio para projetos aeroespaciais, o contato para a defesa, o funcionário público que se torna diretor de empresa, o diretor de empresa que acaba político. Essa é a área em que o "ar limpo" dos negócios está sujeito a poluição. Isto foi verdade no início das estradas de ferro dos Estados Unidos e o será ainda mais quando este século estiver chegando ao fm. Se temos que salvar a nossa civilização da tragédia, terá que ser aplicando à política a inteligência treinada e o pensamento metódico que já vimos aplicando em ciência e em tecnologia. E mesmo isso não será bastante, se não levarmos em consideração as lições da grande empresa; lições de organização e controle e, principalmente, de enfoque internacional. Nenhum governo mundial terá sucesso, se fundado na esperança de que as nações se unirão. Toda a idéia de nacionalidade repousa sobre interesses divergentes e suspeição mútua, fronteiras definitivamente estabelecidas e medo mal disfarçado. O mundo das grandes empresas está situado fora da arena ensangüentada do nacionalismo — mundo em que os ciúmes nacionais já foram esquecidos. Se há para nós um futuro próspero, devê-lo-emos a homens que já aprenderam a cooperar e chegaram ao ponto de encarar o mundo como um só. É uma atitude que freqüentemente encontramos entre os matemáticos, os cientistas e os músicos. Porém, mais esperançosamente encontramos tal atitude entre os homens da grande empresa. São eles que têm a grande lição para nos ensinar. Estamos nós outros dispostos a aprendê-la?

GANHAR
Bernard Tapie
Formato 14 x 21
222 págs.
Livraria Cultura Editora
Tel. (011) 285-4033
São Paulo
(Ver pág. 126)

O Que Chamam de Sonho

BERNARD TAPIE

Olho para ele. Está ao pé da tribuna, bem embaixo dos refletores, vinte anos, loirinho, olhos esverdeados, boca de quem cisma; a última reunião está acabando; duas vezes, durante duas horas, 5 mil estudantes me bombardearam com perguntas num *Palais des Congrès* sem espaço nem para respirar. "Aqui, Bernard, aqui!" Televisão e fotógrafos apontam para ele, que guagueja de nervoso e lança a questão: "Bernard, tem gente que não gosta do meu lema e eu nem ligo. Acho que existem dois tipos de gente no mundo, os dominantes e os dominados. Por mim, prefiro estar entre os dominantes a viver no rebanho dos dominados. O que acha da minha fórmula?"

É engraçado como voltam as imagens. Por que será que pensei, nesse exato momento, em Le Bourget, na minha casa, em meu pai, no respeito que minha família tinha pelo médico, pelo professor, pelo policial, encarnações da Autoridade à qual todos sempre tinham que se curvar? Dizer bom-dia, obrigado, obedecer, submeter-se. Sim, senhor doutor; sim, senhor policial; sim, senhor professor. Sim.

Não! Olho para o meu jovem interlocutor e devolvo: "Pare! Felizmente não existem dominantes e dominados. Cuidado para não confundir as coisas. A questão não é dominar os outros, mas apenas a si mesmo. As desigualdades existem no plano do dinheiro, do poder, da inteligência, da beleza, mas desaparecem diante do amor e da felicidade; não é vitória o que se conquista em detrimento dos outros; pode ser que você consiga ganhar passando por cima dos outros, mas a que preço! Só vai ter cadáveres à sua volta e ninguém pode ser feliz numa galáxia de túmulos".

Mais tarde, de volta à minha casa, pensei naquela tirada de oratória e concluí que o que a imprensa, sequiosa de estrelismos, chama de "efeito Tapie" poderia gerar um enorme mal-entendido. Se meu objetivo é despertar a vocação de empresário em milhares de jovens, preciso evitar a todo custo o clichê do cinismo impiedoso, considerado virtude fundamental no mundo dos negócios. Se alguns fantasiam Tapie com o chapéu texano de J.R, como no seriado *Dallas*, então, é indispensável que eu lhes explique de onde venho, quem sou eu, em que acredito e o que me faz progredir.

Daí este livro.

* * *

O exército. O serviço militar aplaina, iguala, transforma rapazes bonitos e corajosos em carneiros, em robôs programados. Ao menos é isso que dizem os antimilitaristas e outros críticos do serviço militar. Falando sério: não é questão de grandeza ou de servidão, mas de um formidável aprendizado iniciático. Não hesito em empregar esse termo, porque o exército, depois do ginásio de esportes, consolidou em mim a convicção de que o que conta no homem é o próprio homem, e não suas origens sociais, a fortuna do papai ou as regalias que ele conseguiu obter de um Estado paternalista.

No exército, todos usamos o mesmo uniforme, comemos o mesmo rango, dividimos o mesmo alojamento e as mesmas tarefas. Se alguma diferença subsiste, é a que se baseia no valor intrínseco de cada um. Lembro-me de um livro de Roger Vailland que me marcou bastante. Nele, o autor dizia que em certas tribos das montanhas do Afeganistão, à noite, em volta do fogo, cada um se levantava e proclamava, antes de contar sua história: "Eu sou Calender, filho de rei e vesgo do olho direito". No exército, os filhos de rei, se existirem, são notados no serviço ou no combate, porque essas são provas de realeza também. Notei bem depressa que me sentia completamente à vontade em qualquer situação, tão à vontade quanto outros jovens que só tiveram o trabalho de nascer. Saber se virar, afirmar sua personalidade, ter espírito de iniciativa, tudo isso nada tem a ver com o meio social ou cultural em que a gente evolui.

Não que eu subestime as virtudes da educação, longe disso; só gostaria que vocês entendessem que um véu se rasgou quando fui para o exército. O complexo de inferioridade característico de muitas pessoas originárias das classes populares e que um antropólogo mexicano descreveu sob o nome de "cultura da pobreza"; a convicção de que sempre e em toda parte devemos nos inclinar diante das ordens emanadas dos poderes constituídos e concordar com suas idéias — essas foram noções que se esboroaram definitivamente no período em que servi à bandeira.

Eu participava de todos os exércitos, é claro, mas também de todas as festas. Como na escola e no clube, rapidamente me vi no papel de capitão de equipe, de chefe do bando. Eu nunca deixava de exercitar os talentos que sentia nascerem em mim e adotei como se fosse minha a frase que encerra o magnífico livro de Sartre *As Palavras*: "Um homem inteiro, feito de todos os homens, que vale por todos e tanto quanto qualquer um". Evidentemente, não me julgava superior aos outros por isso — seria ridículo —, mas entendia que nada me era interdito.

O serviço militar foi um período seminal na minha vida. A diferença fundamental entre o que eu chamava de glóbulos vermelhos e glóbulos brancos foi, finalmente, abolida. Os glóbulos vermelhos eram meus colegas da Escola de Engenheiros onde eu havia estudado antes de vestir o uniforme da Escola de Eletricidade Industrial de Paris.

Os futuros executivos usavam ternos de corte elegante e sapatos na última moda, o que não nos impedia de freqüentar os mesmos bares de Saint-Germain nem de confraternizar em volta das mesmas mesas. Mas o que eu vestia era um casaco *made in Aubervilliers*. E, acreditem, quando se é garoto, um sobretudo bem talhado pode mudar tudo.

A consciência dos símbolos não chega só com a idade. Ao deixar o exército, eu já tinha parado de acreditar que ia ser um glóbulo branco por toda a eternidade e que aquela era a ordem natural das coisas, "sendo a natureza o que é o mundo o que é", como dizia um certo general.

Seja como for, demora muito para se fazer um homem e muito para se fazer uma mulher. Foi nessa época também que compreendi que o destino, o célebre *maktub* * dos orientais, era, na verdade e princi-

---

*Maktub — *"Estava escrito", expressão árabe que indica resignação e aceitação de uma vontade superior, divina.*

palmente, uma máquina formidável e aterrorizante de conformismo. Eu estava firmemente decidido a não cair na armadilha da passividade, porque, ao descobrir os outros, recém-tosquiados e apertados no mesmo uniforme, descobri também a mim. Percebi o campo das minhas possibilidades e, a partir daí, ia trabalhar para ampliar meu universo ao máximo e me dedicar à procura dos limites que, agora eu sabia, estavam muito mais longe do que havia pensado.

Tudo começou de modo banal. Eu havia terminado meus estudos na Escola de Engenharia e seria incorporado ao 93º Regimento de Infantaria dali a três meses. Naquele dia, estava sozinho no apartamento de meus pais; bateram à porta. Fui abrir e vi um jovem que devia ser até mais novo do que eu. Parecia um pouco perturbado, ora se apoiando sobre um pé, ora sobre o outro, e permaneceu calado até que acabou por perguntar atropeladamente:

— Então, meu senhor, já tem um televisor?

— Não.

— O senhor me permitiria instalar um aqui?

— Sabe, não estamos pensando em comprar esse tipo de coisa no momento.

— Mas posso emprestar um, o aparelho fica de graça por alguns dias.

Minha cabeça já estava a mil e respondi com outra pergunta:

— Vender televisão é seu trabalho?

— É — meu interlocutor respondeu.

O tom não era propriamente entusiástico. Hoje, a presença da telinha é tão freqüente ou tão indispensável nos lares franceses quanto a da geladeira ou a da máquina de lavar roupa. Na época, porém, no começo dos anos 60, só havia 200 mil televisores instalados no país.

— Então, o negócio deve ir de vento em popa, se o senhor começa emprestando...

Meu visitante olhou em redor com um ar desiludido.

— O fato é que não vai! Não vai de jeito nenhum! Estou com dez aparelhos no caminhão e só consegui colocar dois desde o começo da semana.

— Mas como? Se é de graça... Ou então o senhor está metendo os pés pelas mãos...

— Não sei, talvez. Acontece que as pessoas são terrivelmente desconfiadas.

Eu não conseguia acreditar.

— Posso acompanhar o senhor na sua ronda?

Apesar de toda a minha segurança, também não consegui agradar. A desconfiança era mais poderosa do que os meus argumentos. Foi assim, sem nem saber, que fiz minha primeira experiência de marketing. Depois de muito pensar, resolvi mudar de tática.

Apertei a campainha de outra porta.

O batente se abriu até a metade. Uma senhora de seus quarenta anos apareceu. A recepção não era cordial, mas também não foi hostil. Comecei:

— Bom dia, minha senhora. Nós representamos um instituto de pesquisa. Gostaríamos de saber sua opinião sobre os programas que a televisão francesa está exibindo no momento.

Os olhos da mulher se arregalaram de surpresa.

— Gostaria de poder ajudar, mas não temos televisão.

— Essa eventualidade foi prevista. Nossa organização pode emprestar-lhe um televisor durante uma semana; assim, a senhora poderá ver os programas à vontade. Dentro de oito dias, passaremos de novo e a senhora nos dará suas impressões, as de seu marido, seus filhos...

— Mas é de graça?

— Inteiramente de graça, minha senhora. Sem nenhum compromisso.

Graças a esse método, encaixei todos os televisores no mesmo dia; meu objetivo, evidentemente, era fazer com que, uma semana depois, os usuários não quisessem mais ficar sem os aparelhos e se tornassem compradores.

Soube mais tarde que meu companheiro vendedor foi dizer ao patrão dele que tinha encontrado um cara incrível, que colocava os aparelhos quase no mesmo tempo que se leva para grudar adesivos em pára-brisas de automóveis.

Dois dias depois, foi o patrão quem veio bater à minha porta e me disse sem rodeios.

— O que é que você faz na vida? Venha trabalhar comigo.

— Não posso, vou para o exército dentro de três meses.

— Não tem problema. Venha trabalhar comigo enquanto isso.

Foi assim que vendi televisores durante alguns meses. Conseguia ganhar até 500 francos por dia, o que era um bom dinheiro na época.

A venda de porta em porta é uma escola extraordinária, totalmente apaixonante. Um toque de campainha, uma porta se abre e você está num cenário desconhecido, entre rostos desconhecidos. É preciso reagir rapidamente, quase instantaneamente, abarcar num só relance o novo espaço e improvisar em função de tudo o que o olhar captou, avaliar em alguns segundos a personalidade de seu interlocutor. Um vaidoso é sensível à adulação, um tímido precisa de apoio, um orgulhoso fica encantado se você puser o ego dele acima das alturas do Kilimanjaro. O ambiente e, principalmente, a maneira como as pessoas se comportam em seu espaço também são muito importantes. Registre o máximo de detalhes e você vai saber rapidamente se está diante de um esportista ou de intelectuais, de fanáticos pelo faça-você-mesmo ou de amantes da arte. Não adianta puxar a partida de futebol da véspera com três paredes cobertas de livros. Observe bem como o outro se comporta em relação à sua mulher ou ao seus filhos se estiverem presentes. É trabalho perdido passar a mão na cabeça do caçulinha exclamando "que gracinha de menino!" se o pai evidenciou que não liga a mínima.

Em resumo, é preciso procurar dizer o que as pessoas querem ouvir, mas sem nunca mentir para elas. Provocar o riso, contar casos: cada um que improvise conforme seu temperamento. Mas, seja qual for a situação, não esqueça nunca que só tem cinco minutos para convencer e apresentar seus argumentos — dez minutos na melhor das hipóteses. Cada segundo é importante, o menor erro é fatal. Foi nessa atividade que tive a revelação da forma dos três "20", de que falarei mais na seqüência: os vinte centímetros do rosto, as vinte primeiras palavras e os vinte segundos iniciais.

A argumentação de venda é nada mais nada menos do que uma linguagem que deve se orientar no sentido do que o seu interlocutor tem vontade de ouvir. Não é isso que os políticos fazem? Eles adotam exatamente a mesma estratégia. Quando estão diante do público, procuram adulá-lo, nunca contrariá-lo.

Quando quero vender um produto, faço a mesma coisa, com toda a minha convicção, com toda a minha vontade, com toda a alma. Quando falo de valores e de ética, porém, não hesito nunca em ir na contracorrente.

A venda de porta em porta, ou venda direta, não apresenta procedimentos iguais aos de uma empresa que dispõe das mais sofisticadas técnicas de marketing e de publicidade. Contudo, há ocasiões em que os dois métodos se juntam. Mas, nessa época, eu me dedicava ao puro prazer da descoberta da primeira. Prazer, sim, isso mesmo. Descobria no fundo de mim uma enorme vontade de fazer contato, de comunicar, de estabelecer canais de troca — algo que tinha ligação direta com o que eu havia experimentado com meus companheiros de clube. Pois, repito, qual era o desafio lá? Ganhar, simplesmente ganhar. A única diferença era que eu não corria mais atrás da bola, não tentava ser o mais rápido nos cem metros borboleta, nem o mais ágil na barra fixa. Agora, tinha algo a vender, precisava convencer uma mulher, um homem, uma família a comprar um bem ou serviço que eles não estavam certos de precisar. Era uma aventura fabulosa, constantemente renovada, uma adaptação permanente a situações sempre mutáveis, um aprendizado de flexibilidade, rapidez, mobilidade, todas as qualidades que devem ser adquiridas tanto pelo guerreiro quanto pelo homem de negócios.

Quando se fala de crise atualmente e se debate interminavelmente sobre suas origens, suas variáveis e suas conseqüências, sempre me vem um sorriso nos lábios: eu nasci na crise, cresci dentro dela. A expansão, a famosa decolagem da França, era para os outros; para mim, desde os tempos do meu caminho na avenida Baudouin, não existia nem sinal disso. Eu tive de ir à luta muito cedo, ganhar dinheiro, e essa maneira de lutar — vendendo, isto é, seduzindo, chamando a atenção dos outros, fazendo charme — era algo que me dava alegria, confesso, uma alegria indizível, que ainda conservo.

Li recentemente o célebre *Traité des Cing Anneaux*, de um japonês do século XVI, o samurai Myamoto Musachi. Nascido em 1584, ele era um dos mais temíveis. Aos trinta anos, havia ganho mais de sessenta torneios, matando todos os adversários. Cinco semanas antes de morrer, em 1645, terminou a redação de seu admirável tratado. Verdadeiro guia de estratégia, a obra pulula de ensinamentos. Não é de estranhar, portanto, que ela tenha sido apresentada nos Estados Unidos como uma espécie de bíblia para os empresários ocidentais que pretendem fazer negócios com os japoneses.

Vou me limitar a enumerar os nove princípios que fundamentam o pensamento de Musachi:

— evitar idéias perversas;

— aprender na prática;

— praticar todas as artes, não se limitando a uma apenas;

— conhecer todos os ofícios e não se restringir somente ao que se exerce;

— saber distinguir as vantagens e os inconvenientes de cada coisa;

— em tudo, habituar-se ao julgamento intuitivo;

— conhecer instintivamente o que não se vê.

— atentar para os mínimos detalhes;

— nada fazer de inútil.

Procurei aplicar regras de ouro como essas em tudo o faço.

As idéias perversas: são fonte de perda de tempo e de energia. No ramo dos negócios, o objetivo não é matar. Ao assumir uma empresa, sempre fiz o possível para que os acionistas antigos pudessem manter uma parte de suas ações. Os proprietários anteriores da Terrailon, por exemplo, ficaram com 18% das ações; o negócio tinha mais dívidas do que ativos; depois, comprei os 18% deles por 10 milhões...

No mundo dos negócios, no mundo do trabalho em geral, tanto quanto no das relações sociais, o essencial não é matar o adversário, mas fazer com que se mexa. Foi um sindicalista que me disse isso um dia e eu nunca me esqueci. Pensar, sim. Ser esperto, sim. Procurar prejudicar por puro maquiavelismo, não. A venda é um ato de reconhecimento, não uma perversão sadomasoquista.

Aprender na prática: os que assistiram àquele show do Palais des Congrès se lembrarão, talvez, do videoclip introdutório que me apresentava em ação. Fui tremendamente aplaudido pelos 10 mil estudantes quando apareci ao volante do meu Porsche, pilotando meu jatinho, quando me viram andando de bicicleta e na sala de ginástica. Mas ninguém se engane com o significado daquela ovação: os jovens não ficaram impressionados pelo avião, mas por eu saber pilotar e pelo fato de isso não ser um luxo para mim, mas apenas mais um meio de ser eficaz, de administrar ainda melhor o meu tempo.

A virtude do exemplo é, certamente, uma das principais. Mostrar que se é capaz de realizar e de realizar bem vale mais do que o mais belo dos discursos.

Praticar todas as artes: é claro. Sou um empresário, mas isso não impede que eu me apaixone por móveis antigos, por exemplo. Sempre que posso, vou ver exposições — e, se algo tentador aparece, deixo-me levar. Fico imensamente feliz por poder usufruir as obras de maravilhosos marceneiros dos séculos XVIII ou XIX, como Leleu e Weissweller, ou apreciar os quadros dos impressionistas.

Em tudo, habituar-se ao *julgamento intuitivo:* nesse ponto, nunca será demais destacar o papel de minha mulher, Dominique. Dizer que as mulheres têm uma intuição mais desenvolvida do que os homens é um lugar-comum; nem por isso deixa de ter seu fundamento. Freqüentemente, na hora da decisão, é minha mulher quem avalia, quem julga, quem dá o parecer que levo em consideração; raramente me arrependi por isso. Também tenho intuição, claro; ela é fundamental na minha profissão. Foi no período das vendas de porta em porta, na minha juventude, que percebi que a importância dessa qualidade e aprendi a aguçá-la e a tirar partido dela.

Conhecer instintivamente o que não se vê: instinto é fundamental. Nos negócios tanto quanto nas artes marciais, o essencial não é apenas desviar os golpes, mas também prevê-los. Quando das negociações para resgatar a Wonder, para reerguer a Soft ou para comprar La Vie Claire, foi preciso — e voltarei ao tema — aprender e avaliar a palavra que nunca foi dita, ver o mato e descobrir onde estava o coelho. Não é necessário ler as obras completas de Freud para saber que o inconsciente e as motivações subjetivas desempenham um papel central no comércio entre os humanos e, portanto, na estratégia de qualquer negociação.

Atentar para os mínimos detalhes: sempre que sofri derrotas, procurei analisar sua causas e descobri, com o distanciamento, ter negligenciado um aspecto essencial do problema, que na ocasião havia parecido sem importância. Só mais tarde, tarde demais, percebi que não se tratava de uma questão menor. Nos negócios, no amor ou nos esportes, não há um só detalhe que se possa deixar passar sob pretexto de não ser importante. Um escritor de quem gosto muito disse isso de modo muito feliz: "Nada é sério, tudo é importante". Pois, se é verdade que ninguém deve se levar excessivamente a sério, também não se pode deixar assentar uma só poeirinha numa obra-prima nem esquecer uma vírgula num negócio bem planejado e muito menos se apresentar com o paletó salpicado de caspas. O detalhe é fundamental.

Finalmente, *nada fazer de inútil:* nesse ponto, deve-se definir primeiro o conceito de inutilidade. Isso porque existem gratuidades extremamente úteis, enquanto certos gastos de energia podem representar puro desperdício. Não fazer nada inútil se junta ao primeiro mandamento de Musachi: evitar idéias perversas, ou seja, não perder tempo com coisas que não valem a pena — para si mesmo, é claro, para cada um. Pois o que é inútil para um pode ser essencial para outro. Uma perda de tempo para um pode ser ganho para outro. Basta conhecer-se bem. A partir do momento em que alguém se conhece — o que leva bastante tempo, mesmo que o aprendizado comece cedo —, pode seguir Myamoto Musachi.

* * *

(...) Estamos, mais uma vez, numa encruzilhada. A cabeça enterrada no buraco ou o passo à frente. O emprego seguro ou o risco. A resignação ou a audácia. O tremelique ou o clique. A decadência ou o sobressalto. Isso foi, em diversos momentos da história, uma especialidade francesa; por que não voltaria a ser? Aos franceses nunca faltou astúcia, inspiração, inventividade. Ainda hoje, criadores e idealizadores continuam a voejar em torno dos seus produtos no mundo inteiro. Eles sempre souberam voltar à tona depois de tribulações muito mais sérias do que essas em que nos encontramos.

Não nos falem mais em crise, essa palavra — mala em que tudo cabe, essa desculpa para todas as desistências. Estamos em guerra: um conflito menos sangrento do que a II Guerra Mundial, felizmente, mas tão importante quanto e tão cheio de bolocaustos possíveis quanto. Se nós não queremos nos tornar um Botswana melancólico qualquer, é tempo de reagir, de abandonar os velhos ouropéis ideológicos e partidários, de acabar com as discussões estéreis e de construir aqui e agora, na França, na Europa e no mundo, as arquiteturas variegadas e complexas dos nossos sonhos realizados. Não nos enganemos: esta guerra pode ser mortal e é tanto mais perigosa porque vem mascarada. O século já está findando: razão a mais para ir fundo, inventar, fazer. Já não é mais nem mesmo uma questão de escolha, mas simplesmente de sobrevivência.

* * *

A recompensa não é o dinheiro: é o prazer, o jogo, a liberdade, a mobilidade, a faculdade de criar.

Perder, na nossa sociedade, não é mais morrer de fome. É de certa forma, não ter o direito de se pôr em movimento, é estar em prisão domiciliar: de casa para o trabalho, do trabalho para casa...

O que quer dizer também que muitos perderam. Quem são os que, hoje, têm liberdade de agir?

Vencer, viver, é agir. Ora, isso não é só questão de dinheiro. É questão de "pesca" — e isso está acontecendo aqui e agora.

A liberdade, o prazer de viver, de fazer, de jogar é sempre para já, nunca para amanhã: o futuro se conjuga no presente.

Todos vocês, sejam quantos forem, a partir de hoje pratiquem esporte, façam música, procurem animar grupos organizados, presidam associações, dêem vida a suas fantasias!

Aqueles que, entre vocês, são ativos hoje, vencerão amanhã.

Não se vive por procuração. A única lição, se é que lição, existe, é que tudo é possível, mas só se vocês quiserem.

A UNIVERSIDADE DO SUCESSO
Og Mandino
Formato: 14x21
562 págs.
Editora Record
C. Postal: 23.052
Rio de Janeiro
(Ver pág. 128)

O Homem Mais Rico da Babilônia

GEORGE S. CLASON

Num livro como este — O Poder do Dinheiro *— não poderia faltar o famoso texto de George S. Clason. Esta parábola moderna foi reconhecida como o maior entre os trabalhos, de cunho inspirativo, sobre o problema da economia e planejamento financeiro. Usando de uma poderosa metáfora, o autor nos atinge inexoravelmente.*

O Homem mais Rico da Babilônia *apareceu inicialmente em forma de pequenos folhetos distribuídos gratuitamente pelos bancos, companhias de seguro e financeiras americanas. O leitor brasileiro, vai pela segunda vez, tomar conhecimento da famosa mensagem. O texto foi extraído do livro* A Universidade do Sucesso, *organizado por OG Mandino, e publicado no Brasil pela Record.*

Eis o texto, na íntegra. (O leitor deverá ler os outros capítulos do livro A Universidade do Sucesso *pela alta qualidade motivacional que oferecem.*

Sente-se e relaxe. O que você vai aprender agora, de uma forma especial, é o método mais eficiente já elaborado para se acumular riqueza. Portanto, continue com o lápis ou caneta à mão, pois você vai querer lembrar-se de muita coisa, a partir deste seu encontro com *O Homem Mais Rico da Babilônia.*

Durante muitos anos, George S. Clason criou histórias as quais chamou de *As Parábolas da Babilônia.* Nestas, descrevia os segredos para se obter o sucesso que os antigos tinham e as maneiras como conduziam as suas finanças. Estas histórias apareceram inicialmente em pequenos folhetos distribuídos gratuitamente pelos bancos, companhias de seguro e financeiras aos seus clientes. Acabaram se tornando tão populares que o Sr. Clason publicou uma coletânea destas histórias em um livro que chamou de *O Homem Mais Rico da Babilônia*, título da mais famosa de suas parábolas. O livro foi reconhecido como o maior entre os trabalhos, de cunho inspirativo, sobre a questão da economia e planejamento financeiro.

A premissa de que partiu o Sr. Clason era que as leis que controlam a obtenção do dinheiro hoje são as mesmas que existiam na época em que prósperos indivíduos enchiam as ruas da Babilônia, seis mil anos atrás. "A Babilônia", argumentou o Sr. Clason, "tornou-se a cidade mais rica do mundo antigo porque os cidadãos daquela cidade eram os mais ricos daquela época. Reconheciam o valor do dinheiro. Seguiam os princípios sólidos em sua prática de aquisição, guarda e multiplicação do dinheiro. Faziam questão de preparar para si próprios aquilo que todos desejamos... a garantia de rendas para o futuro.

Esta lição é o texto completo da história mais famosa do Sr. Clason, *O Homem Mais Rico da Babilônia*. Você passará a imaginar uma vida que antes parecia inatingível.

Certa vez, na antiga Babilônia, vivia um homem muito rico chamado Arkad. Era conhecido por toda parte em virtude de sua grande fortuna. Também era famoso pela sua liberalidade. Era generoso em suas caridades e com sua família. Também era pródigo em seus gastos. Mas assim mesmo, a cada ano, sua riqueza aumentava em valor maior do que suas despesas a consumiam.

Certos amigos da juventude vinham a ter com ele e diziam:

— Você, Arkad, tem mais sorte do que nós. Tornou-se o homem mais rico de toda Babilônia, ao passo que nós continuamos a lutar pela nossa sobrevivência. Você pode usar as vestimentas mais ricas e provar das melhores iguarias, enquanto nós podemos nos dar por satisfeitos quando conseguimos cobrir nossos corpos com um mínimo que seja apresentável e alimentar-nos e a nossas famílias do melhor que podemos.

— É, houve época em que éramos iguais. Estudávamos com o mesmo mestre. Participávamos dos mesmos jogos. E nem nos estudos, nem nos jogos, você se sobressaía. Muito menos, nos anos que se passaram, se revelou cidadão mais honrado do que nós.

— Também não trabalhou

mais árdua ou fielmente, se é que vale o nosso julgamento. Por que então, um mero acaso da sorte escolheu você para gozar todas as coisas boas da vida, ignorando outros, como nós, igualmente merecedores?

Neste ponto, Arkad protestou, dizendo:

— Se vocês não conseguiram mais do que uma mera sobrevivência desde quando éramos jovens, é porque ou não aprenderam as leis que controlam a formação da riqueza, ou não as seguem fielmente. O "Mero Acaso" é uma deusa nefasta que não faz bem a qualquer pessoa. Pelo contrário, ela leva à ruína quase todos que dela recebem dádivas de ouro pelas quais não tiveram de trabalhar em troca. Ela os transforma em perdulários que logo desperdiçam tudo o que receberam, restando-lhes ao final vontades e desejos intoleráveis que não podem mais satisfazer. Já outros, também aquinhoados pela sorte, tornam-se avarentos e armazenam suas riquezas, com medo de gastar o que possuem, sabendo que não têm capacidade de recuperá-las depois. São acometidos ainda pelo terror dos ladrões e assim se condenam a levar vidas vazias e miseráveis. Outros há, é provável, que se apossam do ouro que ganharam sem merecer e o fazem render, vivendo felizes e contentes. Mas são tão poucos, que deles só tenho notícia por ouvir falar. Pensem nos homens que receberam fortunas de forma súbita e me digam se não é assim a sua história?

Os amigos admitiram que suas palavras se aplicavam perfeitamente aos homens que conheciam e que haviam herdado ou ganhado fortunas. Pediram então a ele que lhes explicasse como se havia apossado de tantos bens. Arkad então, narrou sua história.

"Quando eu era jovem, olhei à minha volta e observei que existia e que podia trazer a felicidade e o contentamento. Compreendi ainda que a riqueza aumentava a intensidade dessas coisas.

- A riqueza é poder. Com ela, muito se torna possível.
- Pode-se decorar a casa com os ornamentos mais ricos.
- Pode-se viajar a países distantes.
- Pode-se provar de iguarias vindas de regiões longínquos.
- Pode-se adquirir os belos produtos do ourives e do joalheiro.
- Pode-se erguer soberbos templos e dedicá-los aos deuses.
- Pode-se fazer todas estas coisas e outras mais que fazem o deleite dos sentidos e o encantamento da alma.

Assim, ao me dar conta de tudo isto, decidi exigir minha participação nas boas coisas da vida. Não seria aquela a ficar de fora, a distância, olhando com inveja os que gozam a vida. Não me contentaria em me cobrir com os tecidos mais baratos e de mínima respeitabilidade. Não me satisfaria com o quinhão dos pobres. Ao contrário, queria me tornar um conviva no banquete das coisas agradáveis.

Sendo eu, como sabem, filho de um mercador humilde, membro de uma família numerosa e, portanto, sem esperanças de uma bela herança; dotado apenas de conhecimentos e habilidades apenas medianos, como vocês colocaram de forma franca; decidi que, para atingir o que eu pretendia, faziam-se necessários tempo e estudo.

Os homens têm tempo de sobra ao seu dispor. Cada qual de vocês deixou o tempo passar, em quantidade suficiente para permitir a cada um se tornar rico. No entanto, vocês próprios admitem, não têm nada para mostrar, a não ser suas famílias, das quais aliás, devem se orgulhar.

Quanto ao estudo, nosso próprio e sábio mestre nos ensinou que o conhecimento é de dois tipos: o primeiro consiste no que aprendemos e que sabemos; o outro trata do treinamento que nos ensina a procurar aquilo que ainda não sabemos.

Foi assim que decidi descobrir como se pode construir uma fortuna e, depois de descobri-lo, fazer disto uma tarefa e fazê-la bem. Pois não é sensato que teremos mágoas suficientes quando passarmos para a escuridão do mundo do além?

Empreguei-me como escrivão no cartório de registros, trabalhando longamente todo dia, na confecção das tábuas de argila, moldes e, no entanto, pouco podia mostrar como meus rendimentos. Estes eram consumidos na alimentação, vestuários, oferendas aos deuses e outros itens mais de que não posso agora me lembrar. Mas minha decisão continuava inquebrantável.

Certo dia, Algamich, que vivia de emprestar dinheiro, veio à prefeitura e encomendou uma cópia da Lei Nona, dizendo-me:

— Preciso disto para daqui a dois dias. Se você o fizer neste prazo, lhe darei duas moedas de cobre.

Labutei arduamente, mas a lei era muito comprida e não estava pronta quando Algamich veio buscá-la. Enfureceu-se sobremaneira e, se eu fosse seu escravo, teria me castigado. Mas eu sabia que o prefeito não permitiria que me batessem, então perdi o medo e lhe disse:

— Algamich, você é um homem muito rico; eu passarei toda a noite a trabalhar sobre a argila e, ao ralar do sol, a cópia de sua lei estará pronta, desde que me diga como posso fazer para também me tornar rico.

Ele sorriu e disse:

— Você é um tratante e um abelhudo, mas aceito o acordo.

Passei aquela noite toda a lavrar e gravar, apesar da dor que sentia nas costas e do cheiro da vela que me fazia doer a cabeça, até que meus olhos não podiam mais enxergar. Mas quando ele voltou, ao amanhecer, as tábuas estavam prontas.

— Agora — disse eu — conte-me o que prometeu.

— Você cumpriu a sua parte do acordo, meu filho — disse com bondade — e estou pronto a cumprir a minha. Vou lhe dizer as coisas que quer saber, porque já estou em idade avançada e uma língua calejada gosta de ficar solta. Quando a juventude procura os mais velhos, em busca de conselhos, recebe a sabedoria adquirida através dos anos. Mas é freqüente os jovens pensarem que os idosos só dispõem do conhecimento do passado. Com isso, perdem a oportunidade de aprender. Mas lembre-se sempre de que o sol que brilha hoje é o mesmo que brilhou para seu pai, quando ele nasceu, e que vai brilhar para seu último neto, antes deste passar para a vida do além. Os pensamentos da juventude — continuou — são luzes brilhantes que resplandecem como meteoros, iluminando o céu, mas a sabedoria dos mais velhos é como as estrelas fixas, cujo brilho perene guia os marinheiros em suas rotas. Lembre-se bem de minhas palavras, pois, se não o fizer, nunca entenderá a verdade que vou lhe dizer e achará que gastou toda a sua noite de trabalho em vão.

Então, olhou para mim de forma perspicaz, por baixo de um cenho hirsuto, e disse, num tom baixo porém vigoroso.

— Encontrei o caminho para obter riquezas quando decidi que *poderia guardar uma parte de tudo o que eu ganhava.* E assim também poderá você fazer.

Continuou a olhar para mim de uma forma penetrante, mas não disse mais nada.

— É só isso? — perguntei.

— Só isso foi suficiente para transformar um pastor de ovelhas num homem que vive de emprestar dinheiro — respondeu ele.

— Mas eu posso guardar *tudo* que ganho, não?

— Nada disso — interveio ele. — Então você não paga ao alfaiate? Não paga ao fabricante de sandálias? Não paga pelas coisas que come e bebe? Como você poderia viver na Babilônia sem gastar? O que tem você para mostrar como resultado do seu trabalho do mês passado? E do ano passado? Tolo! Você paga a todos menos a si mesmo. Palerma, você labuta para os outros. Como também é escravo e trabalha pelo que lhe dá seu amo para comer e vestir. Se você guardasse um décimo do que ganha, quanto teria acumulado em dez anos?

Minha perícia com os números não me permitia titubear da resposta:

— Tanto quanto eu ganho em um ano.

— Isto é apenas meia verdade — retrucou ele. — Cada moeda de ouro que guarda é um escravo trabalhando para você. Cada moeda de cobre que a de ouro rende, é como uma filha da primeira e que também pode lhe trazer lucro. Se o seu propósito é ficar rico, então o que você poupa tem de render, bem como os filhos da renda, de forma que todos lhe possibilitem chegar à abundância que almeja.

"— Você pode pensar que o que lhe ensino não vale a sua longa noite de trabalho — continuou — mas quando entender realmente toda a verdade do que ora lhe digo, vai ver que estou lhe pagando mil vezes mais do que devia.

"— Uma parte de tudo que você ganha, pode guardar. Não deve ser menos do que um décimo, mesmo que ganhe muito pouco. E pode ser muito mais do que um décimo, se puder dispor. Primeiro pague a você mesmo. Não faça compras no alfaiate e na fábrica de sandálias em valores superiores ao que você pode pagar com o restante de seu salário, lembrando-se que ainda necessita de uma parcela para comida, caridade e oferendas aos deuses.

"— A riqueza, como uma árvore, cresce a partir de uma semente minúscula. A primeira moeda de cobre que economizar é a semente a partir da qual crescerá sua árvore. Plante-a rápido e a árvore surgirá ligeira. E quanto mais constante for aguando e tratando sua planta com economias sucessivas, mais cedo se acomodará satisfeito sob sua sombra.

E assim dizendo, apanhou as tábuas e se afastou.

Pensei muito no que ele me dissera e seus conselhos me pareceram inteligentes. Então, decidi colocá-los em prática. Cada vez que recebia, separava umas das 10 moedas de cobre e a reservava. E, por incrível que pareça, não fiquei mais necessitado de dinheiro do que já era anteriormente. Notei pouca diferença ao tentar continuar o mesmo estilo de vida, sem ter de usar o dinheiro economizado. Mas, à medida que cresciam minhas economias, ficava tentado com freqüência a gastá-lo no todo ou em parte, nas belas mercadorias que os comerciantes exibiam, trazidas em navios e camelos, da terra dos fenícios. Mas sempre acabava me controlando, de forma sábia.

Doze meses após sua visita. Algamich retornou e me disse:

— Filho, você pagou a si mesmo uma quantia não inferior a um décimo de tudo o que ganhou no ano passado?

Respondi, orgulhoso:

— Sim, mestre, foi o que fiz.

— Muito bem — disse ele num largo sorriso — e o que foi feito destas economias?

— Dei-as a Azmur, o oleiro, que me disse estar pronto para viajar pelos mares até a longinquoa terra de Tiro, onde compraria para mim algumas belas jóias dos fenícios. Quando voltar, as venderemos por preços vultosos e dividiremos os ganhos.

— Os tolos têm de aprender — rosnou ele — mas por que confiar num oleiro que nada entende de jóias? Você procuraria o padeiro para se informar sobre o curso dos astros? Não, pela minha túnica, você iria ao astrólogo, caso pudesse pensar. Lá se foram suas economias, jovem! Você acaba de sacudir pelas raízes sua árvore de riquezas. Mas, plante de novo. Tente mais uma vez. E então, quando quiser conselhos sobre o negócio de jóias, dirija-se ao pastor. Conselhos se dão de graça, mas faça questão de só considerar os que realmente valem a pena. Aquele que se aconselha quanto ao investimento de suas economias, com alguém desprovido de experiência no assunto, vai ter de pagar estas economias como multa por não saber discernir a falsidade das opiniões destes conselheiros. — E assim dizendo, partiu de novo.

E passou-se justo como ele havia previsto. Pois os fenícios são uns patifes e venderam a Azmur objetos de vidro, sem valor, que pareciam jóias. comecei então, tudo de novo, e seguindo a orientação de Algamich, economizando cada décima moeda de cobre, o que agora era mais fácil já que eu estava acostumado.

E, novamente, 12 meses depois, surge Algamich um dia na sala dos escribas e se dirige a mim.

— Algum progresso desde a última vez que nos vimos?

— Tenho pago a mim mesmo fielmente — respondi — e as economias resultantes confiei a Agger, o fabricante de escudos, para compra de bronze. A cada quatro meses me paga dividendos.

— Muito bem. E o que você faz com os dividendos?

— Faço uma festa com muito mel e vinho fino e bolos com especiarias. Também comprei uma túnica vermelha e algum dia espero comprar um jumento para meu transporte.

Neste ponto Algamich não pode conter o riso:

— Você come os filhotes de suas economias. Como pode então esperar que trabalhem para você? E gerar ainda mais filhotes que também trabalhem para você? Arrume primeiro um batalhão de escravos dourados, para depois gozar de um fino banquete, sem remorsos. E partiu mais uma vez.

Não vi sinal dele nos dois anos seguintes, após os quais retornou apresentando uma face mais enrugada e papas nos olhos, sinais de seu envelhecimento recente. Disse, assim que me viu:

— Arkad, conseguiu a riqueza com que tanto sonhava?

— Ainda não tenho tudo que desejava — respondi — mas já tenho algo que rende e cujos rendimentos também já começam a render!

— E segue ainda o conselho dos oleiros?

— Os oleiros dão bons conselhos quanto à fabricação de tijolos — retruquei.

— Arkad — continuou ele — você aprendeu bem suas lições. Primeiro viu que é preciso viver com menos do que se ganha. Em seguida, aprendeu a procurar os conselhos dos que são competentes pela sua própria experiência. E, finalmente, descobriu como fazer o ouro trabalhar para você. Você ensinou a si próprio a prática de adquirir dinheiro, como guardá-lo e como usá-lo. E, desta forma, você tem competência suficiente para assumir um cargo de responsabilidade. Estou cada dia mais velho. Meus filhos só pensam em gastar e não se preocupam em ganhar. Meus negócios são muitos e temo serem demasiados para um homem de minha idade cuidar. Se você quiser ir comigo para Nippur e tomar conta de minhas terras, farei de você meu sócio, com participação nas minhas posses.

"Fui então para Nippur e me encarreguei dos seus enormes domínios. Devido à minha ambição e ao fato de que dominava agora as três leis necessárias ao controle bem-sucedido da riquezas, fui capaz de aumentar em muito o valor das propriedades. Prosperei muito e quando o espírito de Algamich partiu para o reino das sombras, recebi uma parte de seus bens, de acordo com o que ele havia providenciado legalmente."

E assim falou Arkad. Ao terminar sua história um de seus amigos disse:

— Realmente, você teve sorte em ter-se tornado o herdeiro de Algamich.

— Tive sorte apenas no fato de nutrir o desejo de prosperar, antes de encontrar Algamich. Não provei minha determinação de propósito, ao guardar durante quatro anos um décimo do que ganhava? Você diria que teve sorte um pescador que estudou durante anos o hábito dos peixes, de tal forma que agora sabia onde jogar sua rede para apanhá-los, em cada mudança do vento? A oportunidade é uma deusa altiva que não perde tempo com os despreparados.

— Você teve força de vontade suficiente para se manter na luta depois de perder as economias do primeiro ano. Isto não é comum — disse um outro amigo.

— Força de vontade! — atalhou Arkad. — Que disparate! Você acha que a força de vontade dá a um homem a força para levantar uma carga que um camelo não consegue carregar, ou puxar uma outra que um carro de bois não logra mover? Força de vontade não é senão o propósito inquebrantável de levar a cabo uma tarefa que você se propôs terminar. Se me proponho a uma tarefa, mesmo que seja simples e tola, vou levá-la a cabo. Se não, como poderia ter confiança na minha capacidade de realizar coisas mais importantes? Se me propusesse "Nos próximos cem dias, toda vez que eu atravessar a ponte que leva à cidade, vou apanhar uma pedra e atirar no rio", eu o faria. Se no sétimo dia, eu passasse pela ponte sem me lembrar da tarefa, não diria. "Deixa estar, amanhã atiro duas pedras, que o efeito é o mesmo. Ao invés, voltaria atrás e atiraria aquela pedra. Ou também, no vigésimo dia, eu não diria "Arkad, isto é perda de tempo. Para que lançar uma pedra por dia? Jogue uma porção delas de uma vez e acabe para sempre com a tarefa! "Não, eu não diria nem faria isso. quando me dedico a uma tarefa, eu a executo até o fim. E, portanto, tenho o cuidado de não começar tarefas difíceis ou impraticáveis, pois amo o lazer.

E aí disse um outro amigo:

— Se é verdade o que diz... e razoável, como parece... então, se todos os homens o fizerem, já que é tão simples, não haveria riqueza suficiente para todos.

— A riqueza floresce onde quer que o homem dispenda energia — Arkad retrucou. — Se um homem rico constrói para si um novo palácio, significa que o seu dinheiro evaporou? Não, o vendedor de tijolos recebeu parte dele, bem como o trabalhador, bem como o artista. E igualmente todos os que participaram na construção da casa. E depois, quando terminado, não vale o palácio aquilo que custou? O terreno ao lado, não subiu de valor? A riqueza cresce de maneira mágica. Não há homem que possa prever os limites do crescimento. Os fenícios não construíram cidades grandiosas em costas inóspitas, com a riqueza que veio através do comércio de seus navios pelos mares afora?

— Então o que nos aconselha, para que também possamos ficar ricos? — perguntou ainda outro dos amigos. — Os anos se passaram e não somos mais jovens nem temos nada reservado para poder começar.

— Aconselho seguirem a sabedoria de Algamich dizendo a si mesmos: *Uma parte do que ganho eu posso sempre guardar*. Repitam isto de manhã, ao se levantarem. E ao meio-dia. E à noite, ainda. Repitam a toda hora de cada dia. Repitam até que as palavras fiquem gravadas como letras de fogo através do céu.

"— Marquem a ferro e fogo esta idéia em si mesmos. Encham a cabeça com este pensamento. E aí passem a separar uma parcela que lhes pareça cabível. Não deixem que esta seja menos do que um décimo e reservem-na. Reorganizam suas outras despesas, se necessário. Mas reservem primeiro a parcela. Logo sentirão que sensação agradável é possuir um tesouro que só vocês podem reivindicar. E que lhes estimula na medida em que cresce. Ficarão contaminados por uma nova alegria de viver. Vão querer se esforçar ainda mais, para ganhar ainda mais. Pois dos seus ganhos acrescidos não sairá a mesma parcela que também guardarão?

"— Então, aprendam a fazer seu tesouro trabalhar para vocês. Façam dele um escravo. Façam ainda com que os filhos deste escravo, e os filhos dos filhos, trabalhem também para vocês.

"— Garantam um rendimento para o futuro. Observem os mais velhos e não se esqueçam de que, no porvir, vocês também serão velhos. Portanto, invistam seu tesouro com a maior precaução para que não se perca. Taxas de rendimento a nível de usura são sereias enganadoras, cujo belo canto só serve para atrair os incautos de encontro aos rochedos da falência e do remorso.

"— Providenciem também para que suas famílias não passem necessidades, caso os deuses os levem para seus domínios. É sempre possível protegê-los, fazendo pagamentos a intervalos regulares. Assim, o homem previdente não espera obter primeiro uma soma vultosa, para depois tomar a iniciativa de prover pela família.

"— Aconselhem-se junto a homens sábios. Procurem a instrução dos que lidam diariamente com dinheiro. Deixem que os ajudem a evitar o erro que eu mesmo cometi ao confiar meu dinheiro a Azmur, o oleiro. Rendimentos menores, porém seguros, são muito mais desejáveis do que correr risco.

"— Aproveitem a vida enquanto aqui se encontram. Não se esforcem ao extremo nem tentem exagerar na economia. Se um décimo de tudo o que ganham é o máximo que podem economizar, sem desconforto, fiquem contentes de poder guardar esta parcela. Vivam de acordo com as suas rendas e não se tornem avarentos e medrosos de gastar. A vida é boa e rica naquilo que vale a pena gozar.

Os amigos agradeceram e partiram. Alguns permaneciam calados, pois não tinham imaginação e não podiam entender. Outros usaram do sarcasmo, dizendo que um homem tão rico deveria dividir sua fortuna com velhos amigos menos aquinhoados com a sorte. Mas outros ainda traziam em seus olhos uma nova luz. Compreenderam que Algamich voltava sempre à sala dos escribas porque estava observando um jovem abrir caminho das trevas à luz. Quando encontrasse a luz, haveria um lugar reservado para ele. Ninguém poderia ocupar esse lugar antes que tivesse posto em prática, sozinho, o próprio entendimento, antes que estivesse pronto para a oportunidade.

Estes últimos amigos foram os que, nos anos subseqüentes, visitavam freqüentemente Arkad, que os recebia com grande prazer. Ele os aconselhava e partilhava com eles sua sabedoria, como o fazem os homens que possuem experiências abrangentes. E também os auxiliava a investir as suas economias de modo a renderlhes bons juros, dentro de critérios de segurança, e de forma a não se perderem ou se prenderem em investimentos que não rendessem dividendos.

O ponto decisivo nas vidas destes homens aconteceu naquele dia em que se deram conta da verdade passada de Algamich à Arkad e de Arkad à eles próprios.

UMA PARTE DO QUE GANHA,VOCÊ PODE SEMPRE GUARDAR

O CAMINHO DA FELICIDADE
Huberto Rohden
Formato: 14 X 21
172 pág.
Editora Martin Claret
Tel.: (011) 262-8144
São Paulo
(Ver pág. 129)

Felicidade e Dinheiro

HUBERTO ROHDEN

O filósofo e educador, professor Huberto Rohden, autor de mais e meia centena de livros, nunca falou explicitamente em "dinheiro". Sua poderosa mensagem versa sobre autoconhecimento e autorealização. Mas, o conceito de "riqueza" sempre esteve implícito em seus escritos.

Para Rohden, dinheiro é um meio, e não um fim em si mesmo. É um objeto neutro. Nós, com nosso livre-arbítrio é que o fazemos bom ou mau. Para ele, o dinheiro, em todas as suas formas, é o grande meio para o progresso humano.

Este capítulo — Felicidade e Dinheiro —, foi extraído de seu livro O Caminho da Felicidade , *e aborda, com grande sabedoria, o assunto "riqueza" humana.*

Conhece os milionários da felicidade!

No meio das trevas da infelicidade aguda e das penumbras do descontentamento crônico, convém que o homem levante os olhos para as luminosas alturas de algum dos grandes milionários da felicidade.

Tem havido, e há, na história da humanidade, muitos homens felizes, homens que tiveram o bom senso de construir a sua felicidade de dentro, e não a esperavam de fora, das circunstâncias fortuitas do ambiente. Verdade é que a verdadeira felicidade é silenciosa como a luz, ao passo que a infelicidade costuma ser barulhenta; e por isto sabemos de tantos infelizes e tão pouco de homens felizes. De vez em quando, porém, a silenciosa felicidade dos felizes se irradia pelo ambiente de tal modo que até os infelizes percebem algo dessa luminosidade. E, por via de regra, os homens felizes são encontrados lá onde os profanos não os esperavam encontrar — no meio dos sofrimentos...

Job, Moisés, Buda, Francisco de Assis, Jesus, Paulo de Tarso, e tantos outros encheram séculos e milênios com a exuberância da sua felicidade — sua felicidade sofrida.

Em nossos dias, houve dois homens eminentemente felizes: Mahatma Gandhi e Albert Schweizer, um assassinado, na Ásia; o outro que viveu mais de meio século, nas selvas da África a fim de repartir com seus irmãos negros o grande tesouro da sua felicidade.

Naturalmente, quem confunde felicidade com prazer, e infelicidade com sofrimento, jamais compreenderá que homens dessa natureza possam ser milionários da felicidade. No entanto, eles o foram. E nenhum deles jamais se arrependeu do preço pelo qual adquiriu essa felicidade: a renúncia voluntária.

Existe uma renúncia negativa e destruidora — mas existe também uma renúncia positiva e construtora. Pode-se desertar de tudo por excessiva infelicidade, destruindo a própria vida do corpo — e pode-se abandonar tudo por excesso de felicidade, até a vida física. Quem encontrou o seu verdadeiro *Eu* assume atitude de benévola indiferença em face do que é *seu*.

Há homens escravizadamente escravos.

Há homens livremente livres.

E há homens livremente escravos, homens tão soberanamente livres de todas as escravidões internas que podem voluntariamente reduzir-se a uma escravidão externa, por amor a um ideal ou à humanidade.

Esses homens livremente escravizados por amor são os grandes milionários da felicidade.

Albert Schweitzer, quando estudante universitário de 21 anos, sentiu dentro de si tamanha abundância de felicidade que resolveu consagrar o resto da sua vida ao serviço imediato da parte mais infeliz da humanidade, o que fez durante 52 anos até à idade de 90 anos, alquebrado de corpo, porém jovem de alma.

Mahatma Gandhi, aos 37 anos, adotou a humanidade inteira por sua família, gesto esse que foi acompanhado espontaneamente por sua esposa, não menos abnegada e feliz que o grande líder espiritual e político da Índia; e, depois de serem pais de quatro filhos físicos, se tornaram pais de milhões de filhos metafísicos. Os bens materiais que Gandhi deixou após a morte foram três: uma caneta-tinteiro, um relógio barato e uma tanga. O "homem feliz" da fábula nem necessitava dessa camisa para ser feliz, porquanto a necessidade dos bens externos decresce na razão direta do aumento do bem interno.

Quando Jesus morreu na cruz não possuía mais nada; até as suas últimas vestimentas já tinham sido distribuídas pelos soldados que o vigiavam. Restavam-lhe, é verdade, os dois tesouros vivos; sua mãe e seu discípulo predileto, João; mas até deles se desfez antes de dar o derradeiro suspiro; "Senhora, eis aí teu filho! discípulo, eis aí tua mãe!" Durante a sua vida, como ele dizia, era mais pobre que as raposas da terra e as aves do céu, não porque não pudesse ter bens externos, mas porque deles não necessitava, uma vez que possuía a plenitude do bem interno, a felicidade.

Na véspera da sua morte voluntária, disse ele a seus discípulos: "Eu vos deixo a minha paz, para que minha alegria esteja em vós, seja perfeita a vossa felicidade, e nunca ninguém tire de vós a vossa felicidade."

Assim fala um milionário de felicidade.

"Transbordo de júbilo no meio de todas as minhas tribulações!" exclama Paulo de Tarso, um dos maiores sofredores da humanidade e que conheceu poucos dias de saúde em sua vida.

Em última análise, quem nos redime da nossa infelicidade e nos introduz no reino da felicidade imperturbável é o nosso Cristo interno, o espírito de Deus que habita em nós. O grande segredo está em despertar em nós o nosso Cristo e entregar-lhe as rédeas da nossa vida. O resto vem por si mesmo.

Mas isto não é virtude — isto é sabedoria, é o conhecimento da última e suprema verdade dentro de nós mesmos. O homem é senhor e soberano de tudo que sabe — mas é escravo de tudo que ignora. O saber espiritual nos liberta da infelicidade e nos dá felicidade — a ignorância espiritual nos escraviza e nos torna infelizes.

Convida a Deus para teu sócio!

Meu amigo! Se eu te dissesse que, para solveres certos problemas dolorosos da vida, devias "orar" ou "rezar", talvez terias um gesto de desilusão ou pouco caso. "E eu te compreendo, porquanto, para milhares e milhões de cristãos "orar" quer dizer pedir, mendigar ou recitar determinada fórmula — e depois aguardar a decisão de

Deus, de um Deus que, como eles entendem, reside em algum misterioso recanto do universo, para além das estrelas e vias-lácteas, e, por exceção, visita a nossa terra.

Por isto, não vamos falar em "oração". Em vez disto sugiro o seguinte: quando te achares em dificuldade de qualquer natureza, ou quando tua mente estiver repleta de amargura ou revolta, suspende por alguns minutos todo e qualquer pensamento nessa direção; não penses em nada; faze de tua mente uma espécie de vácuo, carta branca, um silencioso deserto. É, quando estiveres inteiramente calmo e sereno, dize pausadamente; "Convido-te, Senhor, para seres meu sócio e meu conselheiro neste impasse em que me encontro! Ilumina os caminhos da minha vida, para que eu veja claramente o que, neste momento, devo fazer ou deixar de fazer! Dá-me força necessária para que eu possa fazer o que está certo! Ajuda-me, Senhor! Sê meu sócio e companheiro, Tu que sabes mais do que eu!"...

Claro está, não é necessário que digas literalmente estas palavras, mas sim cries dentro de ti a atitude indicada pelas palavras que acabo de escrever.

Repete, muitas vezes, o mesmo pedido, ou melhor, dize positivamente: "Tu, Senhor, és meu sócio, e eu estou certo de que me ajudarás eficazmente, com Teu poder e Tua sabedoria. Eis-me aqui às Tuas ordens!"...

Não fales a esse "senhor" como se fosse alguém ausente; esse "senhor" é teu próprio centro, teu Eu central; desperta-o do seu sono.

Depois de te manteres uns cinco minutos nesse clima, verificarás que os horizontes se vão desanuviando lentamente; as nuvens da amargura e revolta dissipam-se ao avanço da luz da serenidade; o teu despeito cederá lugar a uma atitude de compreensão e benevolência.

Em vez de esbarrares, qual besouro estonteado, contra as vidraças de uma janela fechada e caires, finalmente, exausto, sobre o peitoril da janela para morrer; em vez dessa manobra ridícula e estúpida, olha calmamente em derredor — e acabarás por descobrir, com grata surpresa, que, a dois passos da janela fechada, há uma porta aberta de par em par, pela qual poderás ganhar sem esforço a liberdade e sair da tua prisão voluntária.

* * *

Para ilustrar o que acabo de dizer, escuta a seguinte história, verídica em todas as suas partes:

O Sr. Antônio era alto funcionário de uma importante empresa industrial, o braço direito do próprio diretor da mesma. Chegou o dia em que o diretor foi aposentado. O dito funcionário tinha absoluta certeza — e isto era voz geral — que ele ia ser nomeado diretor local da empresa, tanto mais que era de grande eficiência e honestidade a toda prova. Qual não foi, porém, o seu desapontamento quando pessoa estranha foi convidada para sucessor do antigo diretor! O Sr. Antonio recalcou o seu ressentimento e recebeu com relativa calma a tremenda decepção; mas sua esposa, de temperamento mais sangüíneo e exaltado, exasperou-se grandemente e falou a todas as suas amigas da "ingratidão" e da "injustiça" que acabam de ser cometidas contra seu marido pelo diretor daquele empresa.

A situação era deveras desagradável.

Certo dia, o casal decepcionado convidou para o jantar um amigo. Durante a refeição, naturalmente, veio à baila o caso ingrato da "injusta" preterição do Sr. Antônio, e a senhora dele desabafou a sua amargura e derramou toda a sua bílis sobre o ingrato patrão. Por fim, ela pediu o parecer do distinto convidado, que era conhecido pela nobreza do seu caráter e pela grande clarividência em casos dificultosos. O hóspede respondeu que compreendia perfeitamente o desapontamento dela e do marido, e, se o caso fosse com ele mesmo, não deixaria de sentir-se também profundamente magoado.

Entretanto, prosseguiu, não creio que devamos permitir que o ódio e o despeito se apoderem das nossas almas. Semelhante auto-envenenamento, além de não resolver nada, complicaria mais ainda a situação e encheria de confusão o espírito, precisamente no momento em que ele necessitava da maior clareza.

Sugeriu, que, depois do jantar, todos os três se dessem as mãos, formando cadeia, e fizessem alguns momentos de silêncio e concentração. Dito e feito. No fim dessa pausa silenciosa, o hóspede disse, calma e vagarosamente, mais ou menos o seguinte:

"Senhor Jesus, Tu disseste: "Onde dois ou três estiverem reunidos em Meu nome, Eu estou no meio deles!"

Eis que aqui estão três reunidos em Teu nome, ó Cristo! Sabemos que estás no meio de nós. Dá-nos o Teu espírito de compreensão e amor e mostra-nos claramente o que devemos fazer na presente conjuntura, de conformidade com Teu espírito."

"Assim seja", responderam todos.

Depois disto, houve uns momentos de silêncio... Havia certa serenidade no ar... Certa paz nos corações...

Quem primeiro rompeu o silêncio foi a senhora, dizendo com um suspiro profundo: "Acho que é isto mesmo que temos de fazer... Quando convidamos o amigo para jantar conosco, receávamos que nos viesse pregar um sermão sobre a paciência e resignação cristã; felizmente, não falou em religião, mas deu-nos uma orientação muito sensata." (Entre nós: parece que ela não descobriu até hoje que a solução sugerida pelo hóspede era o mais puro Cristianismo!)

Desde esse dia, a atmosfera melhorou 70% nesse lar. Quase não se falava mais no doloroso caso da preterição. O Sr. Antônio continuou a trabalhar na mesma firma e era chamado freqüentemente pelo novo diretor para dar opinião sobre diversos assuntos de responsabilidade. O novo diretor era reservado, taciturno, porém absolutamente correto no trato com seus empregados.

Passou-se um ano e tanto.

Certa manhã bem cedo, o tal convidado ao jantar foi inesperadamente chamado ao telefone. Quem falava do outro lado da linha era uma senhora, evidentemente em grande alvoroço.

— Sabe o que aconteceu? — exclamava ela, vibrante de emoção.

— Que foi?

— Meu marido acaba de ser promovido a diretor local da empresa onde trabalha...

— Não diga! Como foi?

— O antigo diretor foi transferido para gerir a empresa matriz, na Capital, e convidou o Antônio para seu sucessor aqui.

— Parabéns, senhora! mil parabéns!

— Imagine, se daquela vez, o ano passado — o senhor se lembra, não é? — não nos tivéssemos portado à altura, sabe Deus o que teria acontecido. E agora esta sorte grande a cair-nos em casa!... E é principalmente ao senhor que devemos essa felicidade. Venha jantar conosco hoje à noitinha. Vamos celebrar o grande acontecimento!

Assim se fez.

No fim do jantar, os três, em silêncio, se deram as mãos e o convidado disse em voz alta:

— Tu disseste, Jesus: "Onde dois ou três estiverem reunidos em Meu nome, Eu estou no meio deles". Nós Te agradecemos por Tua feliz presença no meio destes Teus discípulos. Continua a ser o nosso amigo e sócio!

— Amém — responderam todos...

Liberta-te do supérfluo

Mahatma Gandhi escreveu: "O homem que guarda em sua casa alguma coisa de que não necessita e que faz falta a outros, esse é ladrão."

Expresso em termos menos drásticos, podemos dizer que a pessoa que acumula em sua casa coisas supérfluas, nada sabe do espírito de autorealização.

Jesus disse: "Quem não renunciar a tudo que tem, não pode ser meu discípulo."

Todos os grandes mestres espirituais da humanidade, ou renunciaram a tudo, ou se contentaram com o menos possível, usufruindo apenas um conforto dignamente humano. Podemos viver sem posses, não podemos viver sem o usufruto das coisas necessárias. Muitos dos grandes mestres não tiveram posse alguma: ainda em nossos dias, Gandhi, o libertador da Índia, ao morrer não deixou nada senão uns pares de velhas sandálias, uma caneta tinteiro, uns óculos primitivos, um obsoleto relógio, e umas tangas; a própria cabra, de cujo leite se nutria, não era dele, e foi reclamada pelo dono, após o assassinato do *Mahatma*, no dia 30 de janeiro de 1948.

Os que não estão em condições para esta renúncia, devem, pelo menos, contentar-se com o conforto necessário, sem se cessar de confortismo supérfluo. O nosso velho e incorrigível ego não conhece a palavra "chega": para ele, nada é suficiente; quanto mais possui, mais quer possuir; vai do desejo à posse e da posse a desejos sem fim, circulando a vida inteira nesse círculo vicioso.

E é precisamente neste terreno que prospera com abundância a tiririca da insatisfação e infelicidade.

Diógenes, o filósofo da lanterna em pleno meio-dia, resumia a sua filosofia em duas sentenças: "A felicidade consiste em nada possuir que o mundo nos possa tirar, e em nada desejar que o mundo nos possa dar."

O certo é que tanto mais vulnerável é o homem quanto mais possui. A vulnerabilidade consiste em dois pontos: 1) No desejo insaciável de acumular cada vez mais bens, 2) No medo de perder os bens que possui.

A ciência e indústria lançam no mercado, a cada momento, novas utilidades, tão sedutoramente apresentadas que o homem, e sobretudo a mulher, dificilmente consegue sair duma dessas lojas sem comprar algum de que não necessita.

Perguntei a um agente de publicidade comercial, qual o segredo do êxito da propaganda; e ele me responde: o segredo consiste em duas palavras apenas: nós fazemos crer à nossa cobaia que *necessita* de alguma coisa que apenas *deseja.* E explicou-me: todo homem necessita de água para viver; mas nós, à força de repetições incessantes, lhe fazemos crer que ele tem necessidades de beber a, b, c, etc.; e quando ele confunde o desejo com a necessidade — está no papo.

Esse agente de publicidade também me fez ver que há pouquíssimos homens capazes de pensar com a sua própria cabeça; pensam pela cabeça dos outros, pelas colunas do jornal, pelos programas de rádio e televisão, etc.

Todos os homens se glorificam de sua autonomia e independência de pensamento, mas é mínimo o número de homens *auto-pensantes*, e imenso o número de *alo-pensados.*

Sendo que o nosso ego desconhece a palavra "chega", ele faz da sua casa um caótico bazar de coisas e mais coisas arbitrárias e sem finalidade. Quantas senhoras grã-finas não possuem verdadeiros armazéns de roupas supérfluas?...

A conseqüência desse egoísmo desequilibrado é esta: dois terços da humanidade vivem morrendo de fome — e um terço morre de indigestão.

Joel Goldsmith, no seu maravilhoso livro *A Arte de Curar pelo Espírito*, manda aos leitores e às leitoras fazerem periodicamente uma vistoria e um expurgo no seu guarda-roupa, desfazendo-se de todos os vestidos e coisas supérfluas, em benefício dos que não têm o necessário.

Quanto mais o egoísta tem tanto mais deseja ter, confundindo conforto com confortismo; e, quando o confortismo crônico acaba em confortite aguda — então o pobre ricaço, de tanto gozar, chega ao ponto de não poder gozar mais; estranhamente, o próprio gozo em excesso gera ingozabilidade. Os seus apartamentos e palacetes, na praia e nas montanhas, na Suíça e na Riviera, em Paris e em Nova Iorque, a tal ponto lhe embotaram a faculdade de gozar que a sua fome de outrora acabou no fastio de hoje; porquanto há este fenômeno paradoxal: quanto mais alguém goza, tanto mais diminui a sua capacidade de gozar.

A estatística internacional prova que há muito mais suicidas entre os ricos do que entre os pobres. Pode um pobre morrer de fome — mas o rico se mata de fastio; pois, se não há mais nada de novo para gozar, por que ainda continuar a viver?

Se queres ser feliz aprende a contentar-te com o necessário, para que o supérfluo não te leve ao fastio e à infelicidade.

Fórmula Mágica

Andavam os filósofos gentios em busca do elixar da vida.

Andavam os alquimistas medievais em busca do segredo do ouro.

Andam os sábios de todos os tempos em busca da pedra filosofal.

Andam os homens de todos os dias em busca da felicidade perene.

E não sabeis vós, inquietos bandeirantes, que, há muito, foi descoberto o talismã que buscais?...

A fórmula mágica da ciência e da vida?...

O poderoso elixir de indefectível juventude e felicidade?...

Não foi Aristóteles nem Platão, não foi Sócrates nem Sêneca que tal prodígio descobriram.

Não foi sábio nem estadista, não foi poeta nem general que desvendou o grande segredo...

Foi um simples aprendiz de carpintaria, que nem nome parecia ter — o "filho do carpinteiro", como dizia o povo.

Homem que nunca se sentou em banco escolar...

Homem que não se formou em ciências e artes...

Homem que não freqüentou academia nem curso filosófico.

Tenho diante de mim a fórmula singela que esse homem elaborou...

Fórmula que resolve todos os problemas da vida e da morte.

Fórmula que diz tudo o que os sábios não disseram...

Fórmula que faz suportar os mais pesados fardos — até o próprio ego...

Fórmula que faz nascer auroras em pleno ocaso...

Fórmula que ensina a descobrir pérolas de sorriso — no mais profundo oceano de lágrimas...

Fórmula que descortina alvejantes berços de vida onde os homens só enxergam negros ataúdes mortuários...

É tão singela essa fórmula descoberta pelo filho do carpinteiro que o mais simples dos homens a pode aplicar.

Compõe-se de dois traços apenas — um vertical e outro horizontal.

Unindo um ângulo reto essas duas barras que da oficina trouxe o carpinteiro de Nazaré — tem-se o poderoso talismã de todos os segredos da vida e da morte.

Lança-se ao céu a haste vertical bradando: Amor divino!

Estende-se pela terra a trave horizontal, clamando: Humana caridade!

E onde se cortam as duas barras do amor e da caridade — gotejam sobre a terra lágrimas rubras — a dor...

A luz deste símbolo resolvo todos os problemas da vida e da morte.

A mão dessa fórmula mágica descerro todas as portas.

Compreendendo...
Perdoando...
Amando...
Sofrendo...
Calando...
Ao pé da cruz...

* * *

A sábia matemática cósmica ensina que a fórmula suprema para a plenitude humana consiste em primeiro dar para depois receber.

O *ser* determina o *ter*.

A *qualidade* produz a *quantidade*.

A Verdadeira riqueza está dentro de cada um de nós.

OS PRINCÍPIOS DA PROSPERIDADE
Henry Ford
Formato 16 x 23
412 pág.
Livraria Freitas Bastos
Rio de Janeiro
(Ver pág. 130)

Dinheiro, Senhor ou Escravo?

HENRY FORD

Papel do dinheiro

O dinheiro na indústria é apenas uma ferramenta. É uma parte da maquinaria. Numa ocasião difícil tanto faz que tomeis emprestados 100.000 tornos ou 100.000 dólares. Mais tornos remediarão tanto o vosso caso como mais dinheiro. O remédio estará apenas em mais cérebro, mais reflexão e coragem avisada. Indústria que mal usa o que já possui, continuará a mal usar o que tomou de empréstimo. O remédio é suprimir a doença interna, feito o que a indústria começará a produzir o seu próprio dinheiro, tal o corpo que, recuperada a saúde, volta a elaborar o sangue puro.

A facilidade de tomar dinheiro impede de ir à raiz do mal. O dinheiro alheio torna-se um narcótico para o amor-próprio e favorece a indolência. Há muitos industriais que têm preguiça de enxergar o macacão do operário e ir examinar onde está o mal, ou então o orgulho não lhes permite admitir algo de errado no que conceberam. Mas as leis da indústria são como as da gravidade e quem as infringe lhes experimenta a força.

Tomar empréstimos para expansão é uma coisa; tomá-los para remediar efeitos de má administração ou do desperdício é outra. O remédio aqui não é o dinheiro. Só a economia corrige o desperdício e só a inteligência corrige a má administração. O dinheiro de nada serve num e noutro caso. Muito industrial terá agradecido à sua estrêla o tê-lo feito atravessar uma crise que lhe mostrasse que o melhor capital está no cérebro e não no crédito bancário. Os que em tais casos recorrem a empréstimos, lembram o bêbado que procura corrigir com um novo "drink" os efeitos do primeiro. Nada consegue senão agravar as suas dificulddes. Apertar-se é mais avisado do que tomar capital novo a 7%.

Em dezembro de 1920 os negócios mareavam passo. Mais fábricas de autos fechadas do que abertas, e as fechadas já nas mãos dos banqueiros. Maus rumôres corriam a respeito de várias empresas, inclusive a nossa. Propalou-se que a Ford Motor Company não só necessitava de dinheiro como não podia encontrá-lo. Tantos boatos costumam correr a nosso respeito que não me incomodo em desmentí-lo; mas daquela vez precisavam-se as circunstâncias e afirmava-se que eu abandonara a política contrária aos empréstimos, e diáriamente rodava pela Wall Street, de chapéu na mão, à procura de dinheiro. Dizia-se ainda que ninguém mo queria emprestar e que eu teria de liquidar e retirar-me da ativa.

Um problema financeiro

Em verdade tínhamos diante de nós um problema. Havíamos em 1910 tomado de empréstimo 70 milhões de dólares para adquirir as ações da Ford Motor Company que estavam fora das nossas mãos e restava-nos amortizar 33 milhões. Montava a 18 milhões de dólares o imposto sobre a renda que tínhamos de pagar a breve prazo e a 7 milhões a parte beneficiária habitual que tínhamos de distribuir entre os nossos operários. Em suma, em 1º de janeiro a 18 de abril de 1921, necessitávamos da soma de 58 milhões de dólares, e só possuíamos 20 milhões em caixa. Nosso balanço era conhecido do público, e assegurava-se que para reunir os 38 milhões que nos faltavam seríamos forçados a recorrer ao empréstimo. Não é fácil, realmente, reunir tal soma sem recorrer aos bancos. A nossa empresa oferecia todas as seguranças para um empréstimo. Dois anos antes havíamos levantado 70 milhões de dólares; todas as nossas propriedades estavam livres de ônus, não tínhamos dívidas comerciais, e em qualquer época um empréstimo à nossa empresa seria uma boa operação bancária.

O povo está sempre do lado da moeda sã. E está tão desse lado que é o caso de indagarmos o que pensaria do sistema em que vivemos, se soubesse o partido que dele tiram os iniciados.

Não serão os discursos, nem as experiências econômicas que mudarão o atual sistema monetário. A transformação se fará sob pressão de circunstâncias e forças que fogem ao nosso contrôle. Estas circunstâncias e estas forças se realizam e se exercem neste momento. Sentimo-lhes a ação.

A idéia da moeda

É preciso ajudar o público a fazer da moeda uma idéia natural, explicando-lhe a essência, a missão que desempenha e por que artimanhas, no sistema atual, um pequeno grupo traz sob sua dependência coletividades e nações inteiras.

O dinheiro é o que há de simples. É uma parte do nosso sistema de transporte. É um método direto e singelo de transferir bens de um indivíduo para outro. É uma coisa admirável em si, e essencial, nada encerrando de mau. É uma das criações mais úteis da humanidade. Quando desempenha o seu papel, só traz benefícios e perturbação nenhuma.

Mas o dinheiro deve ser sempre dinheiro. Um metro tem sempre cem centímetros; já o dólar, quando tem ele o valor exato de dólar? Se a tonelada de carvão variasse ao sair da mina, se o quilo e o litro variassem nos armazéns, se por uma coisa oculta chamada "câmbio" o metro hoje contasse 110 e amanhã 89 centímetros o público não tardaria a encontrar o remédio conveniente. E quando o dólar não é mais um dólar, quando um dólar de cem cents se torna num dólar de 65 cents, e depois cai a 50, e a 47, e a 46, como acontecia com os nossos bons velhos dólares de ouro e prata, de que serve bradar "depreciação", "aviltamento" da moeda? É tão necessário que o dólar valha sempre 100 centavos como é necessário que o quilo valha sempre 1000 gramas, e o metro, 100 centímetros.

Os banqueiros de bom conceito deveriam considerar-se como lógicamente chamados a examinar o nosso sistema financeiro, em vez de se acantonarem na técnica necessária às suas operações locais. E o sistema bancário reabilitar-se-ia se eles recusassem o título de "banqueiro" e os apeasse da posição privilegiada que ocupam aos especuladores em finanças. Só assim o sistema bancário desempenharia a sua verdadeira missão e o público ver-se-ia livre das iniqüidades e da inquietação que o atual sistema monetário lhe acarreta.

Riqueza e dinheiro

A riqueza do mundo não

consiste nem pode ser representada pelo dinheiro. O outro não tem valor em si mesmo. Não tem mais valor que a ficha numerada que recebemos do criado ao deixarmos nosso chapéu no vestiário. Mas pode ser manipulado como signo de riqueza, de modo a dar aos que o possuem ou aos que o dominam o contrôle sobre o crédito que é necessário aos produtores de riqueza real possa se movimentar, proporciona aos especuladores e usuários um meio de sobrecarregar a produção com uma taxa nociva. O poder que os controladores do dinheiro exercem sobre as forças produtores se acentua ainda mais se refletirmos que, apesar do dinheiro ser dado como a riqueza real do mundo, há sempre mais riqueza do que há dinheiro. E a verdadeira riqueza se se vê obrigada a converter-se em escrava do dinheiro, donde resulta o paradoxo de um mundo a regorgitar de riqueza e que sofre miséria.

Estes fatos não são meramente financeiros, dos que se resumem em cifras e são postos de lado. Tocam de preto os destinos e a sensibilide humana. A miséria no mundo é causada, não pela falta de bens, mas pela retração do dinheiro. A rivalidade comercial entre os povos — mãe dos ódios e das guerras — eis uma das significações humanas destes fatos.

Miséria e guerra, dois grandes males evitáveis, são galhos da mesma árvore.

Vejamos se é possível entrar em melhor caminho.

Por que ser pobre?

Das causas que dão origem à pobreza, as mais importantes são controláveis. O mesmo se pode dizer dos privilégios. Penso que a abolição da pobreza e dos privilegiados é perfeitamente exeqüível, e não se discute se isso é coisa desejável. Pobreza e privilégio são estados contrários à ordem natural, mas o remédio não virá das leis e sim do trabalho.

Por pobreza entendo a falta de alimentação suficiente, de moradia e vestuário a uma pessoa ou família. Diferenças de grau existirão sempre, já que os homens, mental ou físicamente, não são iguais. Todo sistema corretivo baseado na idéia de que os homens são ou devem ser iguais, é antinatural e portanto irrealizável. Um nivelamento por baixo é tão impossível como indesejável. Tal sistema não faria mais do que aumentar a pobreza dos ineficientes. Somente a abundância pode abolir a pobreza e estamos hoje tão adiantados na técnica da produção que podemos vislumbrar o dia em que a produção e a distribuição, feitas em bases científicas, darão a cada indivíduo o que lhe compete.

Causa da pobreza

A causa da pobreza penso que está no mau ajuste entre a produção e a distribuição, tanto na indústria, como na agricultura. Imenso é o desperdício causado por este mau ajustamento, e faz-se mister que uma direção inteligente e dedicada ao bem público faça cessar tamanho desperdício. Enquanto os chefes industriais derem mais valor ao dinheiro do que ao bem público, o mal subsistirá. Só o poderão vencer as inteligências de largo descortínio e nunca os homens de vista curta. Estes pensam antes de mais nada no dinheiro, e não percebem o desperdício. Consideram o trabalho pelo bem público como preocupação altruística, ao invés de considerá-lo a coisa mais prática do mundo. Não são capazes de ver ao longe, e compreender que uma produção oportunista, realizada com o mero objetivo de ganhar dinheiro, é a menos lucrativa. O trabalho que visa ao bem público também pode estabelecer-se em bases altruísticas mas não é o melhor. O sentimentalismo nunca é prático.

Não é que as empresas não possam distribuir com eqüidade uma parte das riquezas que criam, mas o desperdício é tão grande que nada resta para os colaboradores na produção, não obstante os altos preços por que são vendidos os produtos, com cerceamento do consumo.

O bom uso do dinheiro

O princípio do uso é o verdadeiro guia. O uso é positivo, ativo, vivificante. O uso é o fogo aceso. O uso aumenta a riqueza. A pobreza pode ser evitada sem mudança das condições gerais. A alta dos salários, a alta dos preços, a alta dos lucros, todas as altas que têm por objeto fazer afluir mais dinheiro para aqui ou ali são meras tentativas desta ou daquela classe para livrar-se do fogo, sem atenção à soerte do próximo. Há a crença absurda de que, se temos o dinheiro na mão, estamos livres da tempestade. O operário julga-se capaz de afrontá-la, se consegue aumento de salário. Os capitalistas se crêem capazes da mesma coisa, se obtêm maiores lucros. É comovente a fé que os homens têm na onipotência do dinheiro. O dinheiro é muito útil nos tempos normais, mas não têm outro valor senão o que a produção lhe confere, e se ressente dos abusos de que ela sofre. O culto de que ele é objeto como equivalente à riqueza real destrói o seu valor.

Nova visão do capital

Penso que temos de rever nossas idéias sobre o capital. O capital que emana da própria empresa e se aplica em fomentar o trabalho e acrescer o bem-estar do operário, que se converte sempre em novas oportunidades de trabalho e ao mesmo tempo reduz o custo geral da vida: um capital assim, mesmo nas mãos de um só homem, não constitui um perigo para a humanidade. É um fundo de reserva do trabalho que um só indivíduo maneja e dirige em benefício de todos. O diretor de tal capital não o olhará como coisa sua. Nenhum homem o poderia reunir sem o concurso dos outros. É o produto coletivo da organização que ele dirige. A idéia deste homem pode ter criado esta força coletiva — mas não a realizou só. Cada trabalhador é parte na criação. Nenhum negócio deve restringir-se às necessidades do momento ou do interesse dos que nela tomam parte. Tem que pensar na sua continuidade, tem que olhar para o futuro. Os melhores salários devem ser pagos. A todos que neles tomam parte é necessário garantir uma vida folgada, seja qual fôr o papel representado. Mas para que a empresa possa sustentar a todos que nela tomam parte, é preciso que uma renda seja outorgada a alguém. O verdadeiro e honesto industrial considera esta renda como um depósito, e pouco importa que tal renda vá ter aqui ou ali, a estas ou aquelas mãos; só importa o uso a lhe ser dado.

Capital que não cria constantemente mais e melhor trabalho é tão estéril como a areia. Capital que não melhora constantemente as condições e a remuneração do trabalho foge à sua mais alta missão. A mais alta missão do capital não é produzir mais dinheiro, e sim fazer o dinheiro prestar mais serviços à vida. Se em nossas indústrias não concorremos para solver o problema social, não estamos realizando o nosso principal dever. Não estamos trabalhando para o bem comum.

Para que o dinheiro?

De visita às nossas fábricas, um industrial estrangeiro disse: — Nós lá necessitamos fixar de antemão os lucros, pois do contrário não nos habilitaríamos a prover os gastos. A não ser que calculemos com base em certo rendimento e certo lucro, não nos é possível conduzir um negócio. Como se faz aqui?

A pergunta era sincera e feita de boa fé; mas revelava o carro posto à frente dos bois. Admita o ganho ou não de certo lucro, em vez de admitir a prestação de certo serviço, deixando que o lucro cuide de si.

Nós consideramos o lucro como a inevitável conseqüência do trabalho bem realizado. Dinheiro não passa de um produto que necessitamos, talqualmente o ferro ou o carvão. Se considerarmos o dinheiro de outra forma, as dificuldades são inevitáveis, pois que então passará ele a primar sobre o serviço — e um negócio que não põe o serviço acima de tudo, não cabe na nossa república.

O vulgarismo erro de confundir o dinheiro com o negócio se produz em virtude do jogo no mercado de valores, ou bolsa, cujas cotações são tidas como o barômetro dos negócios. Daí a conclusão vulgarmente tirada de que um negócio é bom se há movimento de alta em seus títulos e que é mau se aos jogadores de bolsa ocorre promover-lhes a baixa.

A quem cabe o lucro?

O objetivo do negócio não consiste em ganhar dinheiro para o proprietário ou para o operário. Capitalistas e laboristas de visão curta pensam de igual modo em matéria de indústria; só discordam a respeito de quem há de levar o bolo.

Examinemos as ações de cada um deles. Em primeiro havemos de concordar que qualquer produto ou processo digno de expansão nasce por obra de homens que para ele trabalharam movidos apenas pelo amor da perfeição — nunca pelo fito de lucro.

Em segundo lugar temos de admitir que o desenvolvimento do negócio, quando atinge um certo ponto, se capitaliza. Os homens de dinheiro nele enxergam uma nova oportunidade de ganhar dinheiro. Erguem fábricas, montam máquinas e metem mãos à obra — mas o verdadeiro produto que procuram obter chama-se dividendo. Se em ocasião de crise é forçoso sacrificar alguma coisa, a vítima será o produto, nunca o dividendo. Daí baixa de salários, aumento de preços, interiorização do produto — contanto que se salvem os dividendos.

Os engenheiros possuem outro interesse. O *standard* do momento representa para eles o nível das realizações do momento, realizações que esperam superar amanhã. Precisamente nisto a engenharia é a inimiga da finança míope. Um grupo de agiotas, quando monta uma operosa série de fornos, só o faz para produzir dividendos. Mas o fim do forno não é esse, e sim fundir metais. O engenheiro surge e inventa um forno melhor. Os financeiros têm que dividir-se: ou substituem os fornos velhos por novos ou se aferram aos velhos e repelem a estes.

Naturalmente que a modificação exige dispêndio de dinheiro. O dinheiro, todavia, foi préviamente fornecido pelo público. Toda a empresa que procede bem para com o público tem dinheiro para manter-se em progresso. O *superavit* de qualquer firma industrial é mais um fundo para assegurar o seu *progresso* futuro, do que um prêmio às passadas realizações. O financista que controla um negócio, não vendo as coisas por este lado, protesta contra os gastos da modificação. Mas o engenheiro, que só vê o aumento de eficiência do serviço, realiza-o.

Vejamos as coisas do lado do salário. Os salários criam a capacidade aquisitiva do povo, base dos negócios. Mas quando certos advogados entram a declarar que os salários devem absorver todas as economias e lucros obtidos por meio de melhoramentos na indústria, escusa chamar a atenção sobre a tendenciosidade e a limitada eficiência de um tal ponto de vista.

Tem-se proposto, a sério, que todas as vantagens resultantes duma melhor organização, como seja o aumento da produção, a baixa do preço do custo ou a alta dos valôres revertam exclusivamente em prol do salário.

Nossas indústrias poderão servir de exemplo. A maior parte das melhorias introduzidas são internas, isto é, obtidas dentro da organização do negócio: boa ordem do trabalho, simplificação dos métodos, economia do trabalho útil, supressão do desperdício — coisas que nos permitem prestar um serviço ao público melhor que antes.

Esta diminuição do custo, que realmente é um lucro, pode ser encaminhada em três direções. Podemos dizer: "Guardá-lo-emos todos porque é um filho da nossa capacidade". Ou: "Guardaremos a diferença entre o que custava antes o artigo e o que custa agora, distribuindo o excedente aos operários". Ou: "Custa-nos menos produzir tal serviço; portanto, reduzamos o preço de venda no devido equivalente, entregando ao público o lucro".

No primeiro caso o argumento poderia ser este: o lucro extra pertence àqueles de cuja inteligência brotou. No segundo caso o argumento seria: o lucro extra pertence aos operários, isto é, aos produtores. No terceiro, seria: o público tem o direito de adquirir os artigos e o serviço pelo menor preço possível.

Basta enumerar os vários

argumentos para que ressalte a solução. O lucro pertence ao público. Os proprietários não constituem o público, nem receberão sua parte sob forma de aumento do negócio, conseqüência lógica da baixa de preço. Como já vimos atrás, uma indústria não pode subsistir para uma só classe. Quando é assim, e faz-se produtora de dinheiro para uma classe apenas, em vez de produzir para todas, transforma-se logo num negócio complicado que freqüentemente fracassa — tão freqüentemente que os falsos sábios inventaram o chamado "ciclo do negócio".

* * *

O testamento de Ford

Em 1930, o grande industrial Ford escrevia, a propósito de testamentos e heranças:

"O meu capital não é para mim nem para a minha família, que se contenta com pouco. O trabalho é de todos e para todos será o meu dinheiro. Não deixarei legados de beneficiência, nem criarei, por minha morte, biblioteca nem museus. Tudo isso é muito belo, mas não é nada prático. A caridade é boa para as dores do corpo e para algumas necessidades do espírito. Eu prefiro o trabalho e a justiça. Deixarei o meu dinheiro em minas e fábricas, pagando cada dia mais aos meus operários e concedendo-lhes cada dia maiores comodidades, para que sempre trabalhem com gosto e proveito. Hoje (em 1930), dou trabalho a meio milhão de homens, metade deles têm automóvel e todos têm participação comigo nos lucros. O meu testamento só servirá para dizer que o meu dinheiro é deles e para eles, com uma condição: Amor ao trabalho".

A MORTE DO DINHEIRO
Joel Kurtzman
Formato 16 x 23
232 pág.
Editora Atlas
São Paulo
1995
(Ver pág. 131)

Dinheiro Megabyte:

Como vastas redes de computadores interligados criaram uma nova forma de dinheiro global altamente volátil e diminuíram a importância dos governos

JOEL KURTZMAN

O dinheiro foi inventado nos templos da Suméria há cerca de cinco mil anos. Desde então até sua morte, cerca de duas décadas atrás, ele praticamente não foi alterado. Era uma reserva de valor e uma unidade de conta.

Agora, porém, o dinheiro é diferente. Não é mais um objeto palpável, como um pedaço de bronze de valor equivalente ao shay sumério ou a uma medida de cevada (de onde vem o nome da primeira moeda, o shekel). Nem é completamente simbólico: o grande selo dos Estados Unidos num pedaço de papel que sem ele não teria valor algum.

O dinheiro foi completamente modificado. Não é mais uma coisa, um objeto que você pode desenterrar ou esconder debaixo do colchão; o dinheiro é um sistema. O dinheiro é uma rede formada por centenas de milhares de computadores de todos os tipos, conectados em lugares tão inacessíveis quanto o Federal Reserve [1] — que todas as noites acerta as contas entre bancos, envolvendo trilhões de dólares — e tão comuns como as milhares de bombas de gasolina em todo o mundo que aceitam cartões de crédito e cartões de débito em conta corrente. A

[1] Banco Central dos Estados Unidos. (N.T.)

rede do dinheiro inclui todos os mercados do mundo — ações, bônus, futuros, moedas, taxas de juros, opções e assim por diante. Ela está ligada aos enormes supercomputadores de processamento numérico da Morgan Stanley & Company [2] *e aos PCs; dos investidores individuais que usam o programa Equalizer para comprar ações através da Charles Schwab & Company. A rede é justaposta a computadores que calculam o risco de um investimento por meio das fórmulas ganhadoras do Prêmio Nobel desenvolvidas por Harry Markowitz e Merton Miller da Universidade de Chicago e das fórmulas "técnicas" quase místicas desenvolvidas por Robert Prector, do* Elliot Wave Theorist.

No novo mundo do dinheiro, nem mesmo os maiores bancos precisam mais de cofres. Eles guardam o dinheiro em disk drives *e em fitas de computador e protegem esses fundos contratando Ph.D.s em matemática e especialistas em computação para inventar códigos secretos em vez de contratar guardas corpulentos.*

A nova rede do dinheiro é muito mais volátil do que o sistema monetário de cinco mil anos que ela substituiu. Taxas de juros, preços de ações, valor de moedas, preços de títulos — tudo flutua como nunca. Só na última década, o dólar perdeu mais que a metade de seu valor em relação às outras principais moedas do mundo; as taxas de juros nos Estados Unidos caíram em 50%; os preços mundiais das ações mais do que dobraram (despencaram, depois subiram no Japão); os preços dos imóveis subiram a níveis sem precedentes, depois despencaram; o preço do petróleo caiu de quase $ 40 para $ 12 o barril antes de se acomodar nos níveis atuais. Em cada um desses casos, oferta e procura — os dois pilares da economia — pouco tiveram a ver com as variações de preços.

Para quem está nos negócios, as altas e baixas dos mercados mundiais têm um equivalente econômico na Iugoslávia. Nesse tipo de economia, onde as condições mudam a todo momento, o referencial de tempo dos investidores e os horizontes de planejamento dos executivos tiveram necessariamente que ser reduzidos.

A morte do dinheiro também

[2] Banco fundado em 1935, em New York, por Henry Morgan, neto do legendário John Pierpont Morgan, fundador do J. P. Morgan, o quarto maior banco comercial dos Estados Unidos. O Morgan Stanley foi fundado para atender a uma exigência da lei americana, que separava claramente as atividades de banco comercial das de banco de investimento. Hoje, é um dos maiores bancos de investimento nos Estados Unidos e no mundo. Está para entrar no Brasil. (N.T.)

dividiu o mundo em duas economias. A menor delas é a que chamo de "economia real": aquela em que os produtos são fabricados, o comércio é realizado, as pesquisas são feitas e os serviços são prestados. Na economia real, os operários das fábricas trabalham, os médicos cuidam dos doentes e os professores ensinam. Nela as estradas, as pontes, os portos, aeroportos e ferrovias são construídos. Tragicamente, nos Estados Unidos essa é também a parte empobrecida da economia, carente de investimentos, antiquada e dilapidada.

A outra economia, a "economia financeira" é de 20 a 50 vezes maior do que a economia real. Não é uma economia de transações, mas de especulação. Ela comercializa instrumentos financeiros. Basicamente, lida com títulos patrimoniais, como ações e títulos de dívida, como bônus e outros papéis. Do ponto de vista técnico, o tipo de título que a economia financeira menos comercializa é o dinheiro.

Ao contrário da economia real, a economia financeira vem experimentando um surto de investimento de mais de duas décadas. E embora sua estrutura de ultra-alta tecnologia movimente vários trilhões de dólares por dia entre os diversos "nós" da rede, trata-se de uma economia altamente não regulamentada.

Poucas pessoas percebem que o dinheiro, no sentido tradicional, acabou. Muito menos pararam para pensar nas implicações desse fato.

* * *

Nos últimos 20 anos, mais ou menos, o mundo e sua economia estão passando por um processo de mudança violenta. Essa transformação tem sido tão grande que alterou praticamente todos os aspectos de nossas vidas. Mudou nossa noção do que é público ou privado, mudou o modo de avaliarmos o que produzimos e redefiniu completamente o conceito de propriedade e de riqueza. Em apenas 20 anos, essa mudança monumental, embora quase imperceptível, levantou novos países e derrubou antigas potências.

O que mudou? O dinheiro. Não as notas ou as moedas. Hoje esse tipo de dinheiro — dinheiro tangível, antiquado — representa apenas a mínima parte de todo o dinheiro em circulação no mundo. Merece pouca consideração. É um fantasma do passado, um anacronismo. Em seu lugar, existe uma espécie inteiramente nova de dinheiro, que se baseia não no papel ou no metal, mas na tecnologia, na matemática e na ciência e que percorre o mundo incessantemente numa velocidade semelhante à da luz. E como a hipótese de Einstein de que um fóton de luz cria o universo onde quer que vá, este novo dinheiro "megabyte" está criando um mundo diferente onde quer que ele surja.

O dinheiro está deixando de ser uma unidade padrão de valor — um ativo fixo e limitado, uma "verdade" absoluta e substancial — para se transformar em algo etéreo, volátil e eletrônico. No decorrer dos últimos 20 anos, foi transformando-se de uma equivalência determinada pelo governo — $ 35 equivale a uma onça de ouro, conceito desenvolvido há cinco mil anos — em uma nova, forma eletrônica. Transformou-se em nada mais do que uma combinação de zeros e de uns, que são as unidades fundamentais da computação. Esses zeros e uns, que representam o dinheiro, são transportados através de quilômetros e quilômetros de fios e redes de fibra ótica, retransmitidos por satélites e projetados de uma estação retransmissora para outra. Esse novo dinheiro é como uma sombra. Sua forma cinzenta pode ser vista mas é intocável. Não tem dimensão tátil, nem massa nem peso. Outras formas de dinheiro não têm mais importância.

Em conseqüência da transformação do dinheiro, nada no mundo jamais será como antes. Surgirão inúmeras oportunidades novas e novos desastres nos ameaçarão. A mudança levará décadas para ser assimilada.

O dinheiro hoje é uma imagem. Ela pode aparecer simultaneamente em milhões de telas de computador em milhões de mesas de trabalho em todo o mundo. Na realidade, porém, ele não está localizado em nenhum lugar e não precisa de cofre para ser guardado em segurança. Contudo, embora o dinheiro não tenha uma localização real, paradoxalmente, ele criou um ambiente que está em toda parte, mesmo sem ocupar um lugar físico. Um ambiente povoado por milhares de investidores, operadoras, banqueiros, gerentes de carteiras de investimento, corretores de ações, *arbitrageurs,* [3] analistas, órgãos fiscalizadores e autoridades governamentais — todos observando e manipulando o dinheiro através de diferentes terminais de computador em todo o mundo. Uma comunidade em que os vizinhos, colegas e concorrentes só podem ser acessados por meios eletrônicos.

[3] *Arbitrageur* ou *arbitrager* é a pessoa que compra certas mercadorias (*commodities*), moedas e letras de câmbio em um mercado e vende em outro quase ao mesmo tempo, tirando vantagem de qualquer diferença no preço ou na taxa de câmbio entre os dois mercados. (N.T.)

A rede neural do dinheiro

Neste novo ambiente, milhões de computadores estão ligados numa vasta rede de transações e intercâmbio de informações de uma complexidade inimaginável, que opera 24 horas por dia. Sob certos aspectos, essa imensa rede assemelha-se à rede de neurônios existente dentro do cérebro. Milhões de terminais "inteligentes" [4] de algum tipo estão em interação numa dança eletrônica sincopada, produzindo o ritmo global das altas e baixas do mercado, que não difere muito dos ritmos do interior do cérebro. O dinheiro, em sua nova forma eletrônica, passa de computador para computador da mesma forma que os impulsos nervosos são transmitidos através de sinapses. No caso do dinheiro, porém, cada vez que um elétron dá um salto, unidades de poder de compra — grandes e pequenas — trocam de mãos. Bens, riquezas, sonhos e poder são transacionados.

Todos os dias, pelo "lobo" [5] da rede neural New York, mais de $ 1,9 trilhões mudam de mãos a uma velocidade semelhante à da luz. Esses dólares — e as preocupações, esperanças e medos que representam — aparecem como uma imagem luminosa numa tela de computador.

A cada três dias uma soma de dinheiro equivalente à produção total anual de todas as empresas norte-americanas e de toda sua força de trabalho passa pela rede subterrânea de fibras óticas das ruas escavadas de New York. E a cada duas semanas o produto anual do mundo passa pela rede de New York — trilhões e trilhões de uns e zeros que representam todo o trabalho, suor e artimanhas de todos os esforços honestos e de todas as loucuras da humanidade.

Somas de magnitude semelhante passam pelas ruas de Tóquio, Londres, Frankfurt, Chicago e Hong Kong. Elas viajam sob o mar e são retransmitidas pela ionosfera. O sistema financeiro, usando o dinheiro desvinculado do ouro, realiza diariamente transações milhares de vezes maiores que as da chamada economia real — a parte do trabalho da humanidade em que os bens são pro-

---

[4] Nos sistemas de multiusuários, um terminal que contém um conjunto próprio de circuitos de processamento, podendo recuperar dados do computador central, processá-los e executar programas residentes no servidor central. (N.T.)

[3] Lobo: cada parte do cérebro onde estão centralizadas determinadas atividades nervosas. (N.T.)

duzidos e os serviços são prestados.

O computador tornou possível a existência dessas redes neurais de dinheiro. Com o computador, as distâncias não têm mais importância e o tempo e as zonas de tempo são irrelevantes. O computador levou-nos do padrão ouro para o padrão *megabyte* — um padrão baseado em *microchips*, memória eletrônica e tecnologia de ultra-alta velocidade. E, nesse processo de despir o dinheiro de sua dimensão finita, permitiu que ele se transformasse em algo completamente novo, cheio de novas possibilidades.

Embora o dinheiro seja o principal meio de armazenar riqueza e poder de compra, os economistas falharam sistematicamente na avaliação do significado dessa transformação. Pensadores da velha-guarda estão empenhados em debates sobre um mundo que desapareceu há muito tempo. Sussurram a sabedoria convencional nos ouvidos dos líderes empresariais e presidentes, mas já não conseguem fazer previsão correta das taxas de juros, do crescimento ou do volume de negócios. Já não conseguem avaliar o crescimento do suprimento de dinheiro, prever uma recessão ou determinar quanto as pessoas poupam ou gastam. São como os eruditos que só estudaram pela Bíblia e não percebem que mudamos para um mundo secular.

Esses economistas vêem o dinheiro como o peixe vê a água — como algo vital, necessário, cheio de oxigênio, mas quase invisível. Pergunte a um peixe sobre a água em que ele nada e ele não lhe dará nenhuma grande resposta. Pergunte a um economista sobre o dinheiro — alguém do Conselho Econômico da Presidência, por exemplo — e ele provavelmente só vai dar de ombros. O dinheiro não tem muita importância, responderão esses economistas encarquilhados. As mesmas regras são válidas independentemente de o meio de troca ser o ouro, a prata ou imagens de computador, dirão eles. Mas estão errados. As finanças e sua estranha lógica substituíram a economia.

Se esses economistas da velha-guarda, porém, aceitassem a premissa de que uma nova evolução do dinheiro gerou uma nova economia, e se tirassem suas gravatas decoradas com retratos de Adam Smith e as substituíssem por gravatas com um *microchip* [6], então teriam que encarar o fato de que muitos de seus queridos conceitos estão fora de moda. Teriam que

[6] *Chip* — um circuito eletrônico miniaturizado produzido em série sobre pequena chama ou lâmina de silício. (N.T.)

sair da área — ou, pior ainda, teriam que mudar seus conceitos. Como veremos, quase todos esses pensadores se recusaram a fazer tal esforço.

Estados-nações perdem o poder econômico

Outras mudanças vieram junto com a mudança no dinheiro. Os países deixaram de ser nações-estados isoladas e protegidas dos altos e baixos de seus vizinhos para se tornarem cada vez mais irrelevantes em termos econômicos. Bancos centrais, como o Federal Reserve Board, embora ainda poderosos, foram rebaixados. É verdade que ainda comandam o jogo, mas não tão independentemente como antes. Fronteiras foram eliminadas. Sinais retransmitidos por satélites ou transportados através de cabos submarinos não esperam autorização da alfândega para entrarem. Na verdade, hoje é muito mais fácil e rápido transferir $ 1 bilhão de New York para Tóquio do que transportar um caminhão de alface ou de uva da Califórnia para o Arizona.

O Secretário do Tesouro norte-americano, Nicholas F. Brady, em seu relatório ao Congresso sobre a queda da bolsa em 19 de outubro de 1987, quando era também o chefe da Dillon Read & Company, disse que os mercados — de ações, títulos, futuros, mercado de capitais — agora são um só. Estão interligados, disse ele. Depois de fazer essa afirmação, Brady recuou. Explicou que quis dizer que todos os mercados americanos, hoje, estão conectados. Ele estava enganado.

Na realidade, os mercados de todo o mundo, hoje, estão interligados. Estamos todos sob o padrão *megabyte.*

Com um *modem,* um microcomputador, um telefone e, em alguns casos, uma pequena antena parabólica no telhado, operadores podem trocar dólares, títulos ou ações ou negociar os chamados "produtos derivativos" simplesmente enviando impulsos eletrônicos através de uma linha.

Produto derivativo, um conceito saído de *Alice no país das maravilhas,* não é exatamente um "produto", no sentido em que uma ação é um produto, uma unidade de propriedade de uma empresa. Um derivativo, ao contrário, é mais uma noção abstrata. Por exemplo, um produto derivativo é um contrato sobre taxas de juros futuras. Esses contratos se referem aos pontos percentuais que serão cobrados por um futuro empréstimo e são negociados independentemente do dinheiro propriamente dito. Taxas de juros são compradas e conservadas — se o negócio for bom —

pelo prazo de duas semanas a um mês. Se for um mau negócio, elas são vendidas dentro de poucas horas. Vendidas para quem? Compradas onde? Em qualquer lugar onde o elétron chegue.

Ao mandar um impulso através de uma linha, operadores localizados em qualquer parte do mundo podem comprar e vender taxas de câmbio futuras de qualquer moeda do mundo. Podem exercer opções de compra de lotes de ações, negociar garantias de títulos possuídos por outra pessoa, vender contratos futuros e negociar hipotecas. Nesse estranho e misterioso mundo eletrônico, fundos de pensão japoneses podem comprar títulos americanos, garantidos não por ouro ou por ativos de empresas, mas por grandes lotes de empréstimos feitos por Detroit para produzir carros. Eles podem automatizar [7] as transações e diminuir o risco comprando a uma taxa de câmbio e simultaneamente vendendo a outra taxa noutra cidade ou país, em outra moeda. As possibilidades de desenvolvimento de novos produtos derivativos são infinitas.

O mundo em que funciona a nova economia assemelha-se mais a uma "comuna" eletrônica do que a uma economia. É como qualquer comuna — uma comunidade pastoril de uma antiga vila inglesa, por exemplo —; esse novo espaço eletrônico pertence às pessoas que o utilizam, não ao governo.

Enquanto o presidente Ronald Reagan e seus assessores estavam combatendo a presença excessiva do governo na economia, o governo estava sendo marginalizado. Afinal, com exceção de algumas dessas redes eletrônicas operadas por instituições como o Federal Reserve Board, o resto está nas mãos de particulares. Empresas como American Telephone & Telegraph (AT&T), MCI, Sprint, Citibank, International Business Machines (IBM), Swift, Cirrus, Plus, Visa, MasterCard e outras é que são as donas da comunidade da fibra ótica. Os governos, na melhor das hipóteses, apenas a regulamentam.

Há pelo menos 200 anos, John Locke, John Stuart Mill e Adam Smith escreveram extensamente sobre o dinheiro, o endividamento e os bancos, e até elaboraram teorias sobre o governo e a ética. Eles sabiam que a economia alterava nosso modo de viver, de fazer negócios e de resolver nossos problemas. Também compreenderam que nosso sistema econômico é um reflexo do que so-

[7] Usar um canal computadorizado para negociar ações entre grandes investidores, sem passar pelo sistema usual da bolsa de valores. (N. T.)

mos como pessoas. Sabiam que a economia e o sistema econômico não podem ser separados das outras atividades da humanidade, de seus sonhos e de seus pesadelos. Sabiam que a economia, longe de ser uma simples ciência, reflete nossos valores e percepções. Ela é um dos modos pelos quais nós, como sociedade, nos organizamos e nos definimos.

O debate atual sobre a natureza e a evolução do dinheiro e de nossa economia é igualmente abrangente. Meia dúzia de escolas de pensamento estão brigando entre si sobre a questão de qual é exatamente a identidade do dinheiro e qual será seu impacto. Meia dúzia de escolas buscam a verdade.

Quem são esses novos pensadores? São matemáticos como Fischer Black e Myron Scholes, que desenvolveram modos de negociar e avaliar opções; James Forrester, um professor de engenharia elétrica do Massachusetts Institute of Technology (MIT), que inventou a memória central dos computadores na década de 1950, ajudou a fundar a Digital Equipment Corporation (DEC) e vem tentando construir um modelo do funcionamento da economia mundial; Hyman Minsky, um economista iconoclasta que, já em 1955, previu corretamente a globalização e suas implicações, e acredita que as finanças sobrepujaram a economia em importância; Hayne Leland, um antigo professor de administração de empresas de Berkeley, que foi um dos inventores do programa de compra e venda de ações. E há outros. São pessoas que consideram as ações e títulos não como unidades de propriedade de empresas e de dívida do governo ou das empresas, mas como "acumuladores" eletrônicos abstratos do poder de compra de uma nação. Os economistas desta nova escola vão ajudar-nos a entender a nova ordem mundial em que vivemos e a direção que estamos seguindo.

(...)

RIQUEZA INFINITA
Dr. Ômar Souki
Formato 14 x 21
148 pág.
Souki House
Belo Horizonte
1997
(Ver pág. 133)

A Alquimia da Abundância

Atraindo o dinheiro em profusão

DR. ÔMAR SOUKI, PH.D

Dinheiro é energia

O dinheiro em nossa vida é uma metáfora de energia. Ao deixarmos que essa força corra livre, mais dinheiro aparecerá para você e para mim. Enfim, a riqueza é um reflexo de nossa energia.

Essa força interior aparece, como tudo o mais em nossa existência, através de estados mentais favoráveis. Conseguiremos dinheiro através de uma *consciência de abundância*. Ela foi explicada nas Sagradas Escrituras por meio das seguintes palavras de Jesus Cristo: *"Àquele que muito tem, muito será dado, e terá em abundância; mas àquele que não tem, o pouco que tem lhe será tirado"* (Mateus, 13:12). Assim, você e eu podemos optar por cultivar dentro de nós as sementes da fartura.

Essas sementes são os pensamentos que plantamos em

nossos cérebros. Assim como faríamos com as sementes de tomates plantadas em nosso quintal, devemos também regar nossos pensamentos com a repetição diária. Dessa forma, as sementes mentais se desenvolverão, conseguirão arrebentar o solo das frustrações e críticas, tomarão contato com o ar fresco e com o calor do sol. Depois de algum tempo nos deliciaremos com brilhantes tomates vermelhos, ou seja, nos fartaremos com os frutos de nosso jardim mental.

Dínamo da prosperidade

O cultivo desses frutos ocorre através do magnetismo mental. O magnetismo mental funciona exatamente como funciona o magnetismo físico. Na Universidade, cursei Engenharia Elétrica, antes de fazer o doutorado em Comunicação. No laboratório de eletrotécnica me encantava com os efeitos do magnetismo. Se movimentarmos sistematicamente um imã circular em volta de um fio de cobre, criamos corrente elétrica dentro do fio de cobre. Esse é o princípio do dínamo, que, ao rodar, gera energia, transformando movimento em eletricidade.

O oposto também é verdadeiro: se enrolarmos um fio em volta de um pedaço de ferro qualquer, sem nenhum magnetismo, e fizermos passar corrente elétrica através do fio, produzimos um imã. O ferro inerte se transforma num magneto, capaz de atrair limalhas e outros pedacinhos de ferro. Mas, no momento em que cessa a corrente elétrica, cessa o magnetismo do ferro.

Magnetismo mental é a mesma coisa: o seu pensamento e o meu são a corrente elétrica. Ao ligarmos essa corrente, através de uma imaginação direcionada para o que queremos, aquilo que desejamos começa a ser atraído. Ao pensarmos em outras coisas ou em coisas opostas ao que realmente queremos, automaticamente, desligamos o nosso imã mental. Simples, não é?

Ao desenvolver a *consciência da abundância*, você e eu aumentamos a intensidade de nossa corrente mental, produzindo um fantástico imã mental. Ao produzir essa consciência de prosperidade, fazemos fluir essa energia mental, que, logo, logo, atrairá o que queremos, ou seja, muito dinheiro, muita fartura, muita saúde para nossas vidas. Vivendo mentalmente na abundância, ela, inexoravelmente, ocorre no nosso universo pessoal.

E de onde atraímos toda essa abundância? Toda a prosperidade, toda a fartura, toda a abundância universal vem da Mente Cósmica. Estamos imersos em um oceano mental e dele atraímos tudo aquilo que está coerente com os nossos ideais, com os nossos pensamentos mais constantes. É por isso que àquele que produz fartura interior mais lhe será dado e àquele que se fixa na escassez mais lhe será tirado.

Outra passagem das Sagradas Escrituras, que reforça essa verdade, é a seguinte: *"Busque em primeiro lugar o Reino de Deus e Sua justiça, e tudo o mais lhe será dado por acréscimo"* (Mateus 6:33). O Reino de Deus é o estado interior de abundância.

Envolvimento emocional

Quanto mais estivermos emocionalmente envolvidos com essa busca do Reino de

Deus, melhores serão os resultados. Você já observou como é fácil realizar algo que o apaixona? Suponhamos que você adore passear descalço na praia, deixando que as ondas do mar refresquem seus pés. Isso você faz por muito tempo e com prazer. Além do mais, você não se cansa; pelo contrário você se inspira.

Pois bem, utilize sua imaginação e associe o mesmo prazer à busca de abundância em sua vida. Faça da busca do reino interior de fartura um passeio apaixonante pela praia de sua existência. Você sentirá que, envolvendo seu coração no seu processo de crescimento pessoal, os resultados virão mais rápido.

Crenças de abundância

Para continuarmos nesse vôo sem escalas rumo à prosperidade, é preciso dar uma limpada em nosso magneto mental. Ao atuarmos com uma mente limpa e bem lubrificada, as possibilidades de sucesso se ampliam. Para isso vamos substituir crenças negativas a respeito do dinheiro por crenças positivas.

Acompanhe-me no exercício que se segue. Faça de conta que você começa agora a passear na orla da praia. Você olha para o azul do céu, escuta o grito das gaivotas, ouve também o ruído tranqüilizante das ondas do mar. Sente o calorzinho gostoso da areia sob seus pés descalços e deixa que a paz tome conta de sua mente. Você está pronto para se divertir.

Vamos nos divertir e, ao mesmo tempo, cancelar algumas gravações mentais enfraquecedoras. À medida que limpamos, vamos também colocando no lugar quadros atrativos de prosperidade infinita. Nas linhas a seguir, da esquerda, escreva as coisas negativas de que se lembra ter escutado a respeito do dinheiro. E nas linhas à direita anote frases que podem substituir as crenças negativas. Siga os exemplos:

Dinheiro é sujo	Dinheiro é limpo como a fonte da Prosperidade Infinita.
Dinheiro não cresce em árvore.	Dinheiro germina fácil como feijão.
Dinheiro não traz felicidade.	Dinheiro no bolso, sorriso no rosto.

Agora escreva nas linhas abaixo:

Crenças negativas	**Crenças fortalecedoras**

Volte ao exercício anterior e risque cada uma das crenças negativas. Após riscá-las, escreva a palavra CANCELADA em cima de cada uma delas.

Lembre-se de que esse processo é contínuo. Sempre que ouvir alguém reclamando de preços, repita baixinho para você mesmo: *"Todo dinheiro que eu gasto volta para mim multiplicado por mil".* Multiplique sempre sua prosperidade interior e escutará, logo em seguida, as chuvas da abundância abençoando os campos que você cultivou.

Fique sempre alerta para que, nem você, nem ninguém mais grave afirmações enfraquecedoras em seu cérebro. Trate de passear pela vida repleto de crenças fortalecedoras. Seja o senhor absoluto de seu universo pessoal e mantenha sintonia positiva com a Mente Cósmica.

Impacto da primeira impressão

Depois de criada essa aura mental de prosperidade, você e eu vamos nos concentrar na aparência. A pessoa rica parece rica. E quem parece rico acaba se tornando rico.

Lembre-se de que, através da visão, controlamos oitenta por cento das informacões que atingem nosso cérebro. Portanto, as primeiras e mais decisivas informações que outros captam sobre nós são transmitidas através de nossa aparência. Por isso, aparência é fundamental. Assim como a qualidade de seus pensamentos influencia seu ambiente mental, também o estilo de suas vestimentas determina o seu ambiente físico. Focalize sua atenção nos seguintes detalhes:

Cabelos: penteados e bem tratados.

Pele: limpa, saudável e bem-cuidada.

Unhas: limpas e cortadas.

Sapatos: engraxados e bem tratados, sem arranhões.

Roupa: de boa qualidade, cores combinando, limpas e bem-passadas.

Postura: ereta, de vencedor. Imagine que você tem um farol no centro de seu peito, que ilumina seus semelhantes. Certifique-se de que seu facho de luz esteja sempre na horizontal, nem iluminando o céu, nem o chão.

Jóias: autênticas, sem exagero.

Sorriso: lembre-se de que semelhante atrai semelhante. Ao sorrir você atrairá pessoas felizes e prósperas.

Como está sua aparência neste instante? Vá até um espelho de corpo inteiro e faça uma avaliacão de sua aparência. Numa escala de *"um"* a *"dez"*, onde *"um"* equivale a uma aparência de escassez e *"dez"* à aparência de uma pessoa próspera, qual a nota que você daria a cada uma das seguintes áreas:

1. Cabelo: __________
2. Pele: __________
3. Unhas: __________
4. Sapatos: __________
5. Roupas: __________
6. Aparência: __________
7. Impressão: __________

Qual é a sua postura? E a expressão no rosto? Se você se encontrasse com alguém assim, qual seria a sua primeira impressão? Seria a de ter encontrado uma pessoa abastada?

Some as notas que você deu nos sete itens e divida por sete. Esse valor médio é seu IPI: *Impacto da Primeira Impressão.* Procure aumentar constantemente o valor de seu IPI e abrirá com mais facilidade as portas do enriquecimento pessoal.

Ao cuidar de nossa aparência, transmitimos para os nossos cérebros e os cérebros das demais pessoas quem somos nós: pessoas sintonizadas com a prosperidade. Tanto as crenças fortalecedoras quanto a aparência estão em uníssono, transmitem uma só mensagem. Quanto maior a coerência, maior o vigor dessa mensagem.

Comece a agir já!

Para aumentar ainda mais a congruência dessa comunicação, devemos agir como as pessoas prósperas agem. Nada melhor do que pagar nossas contas *alegremente* e em dia. Esse comportamento se harmoniza com a idéia de que dinheiro é energia e como tal deve fluir. Quanto mais deixarmos o dinheiro fluir em nossas vidas, melhor. É por isso que as contas devem ser pagas alegremente e em dia, de outra forma estaremos criando bloqueios para a livre circulação do dinheiro.

Algumas pessoas se incomodam ao receber as contas mensais. Para reverter esse quadro, devemos lembrar-nos da roda da prosperidade na qual estamos inseridos. Recebemos dinheiro pelos nossos serviços e, ao pagar nossas contas, estamos dando oportunidade de trabalho para milhares de outras pessoas. Isso acontece quando pagamos as contas de telefone, luz, água, TV a cabo e outras.

Cada conta paga é uma semente de dinheiro plantada no jardim do universo, pois ela cria oportunidades para outras pessoas. Associando esses pagamentos com o progresso geral, conseguimos pagar nossas contas *alegremente.*

O poder do dízimo

Da mesma forma que é saudável gastar, é também benéfico guardar. George Clason, na obra *O Homem Mais Rico da Babilônia* *, associa a riqueza à capacidade de guardar dez por cento de toda entrada de dinheiro.

Antes de efetuarmos qualquer pagamento devemos pagar

** Esta mensagem motivacional sobre a riqueza pode ser lida nas páginas 55/65 deste nosso livro.*

a nós mesmos. Uma parte de tudo que ganhamos devemos guardar. É uma mensagem altamente benéfica. Nosso cérebro interpretará a tal atitude da seguinte forma: *"Eu me amo e reconheço o valor do meu trabalho. Por isso eu me recompenso antes de pagar aos outros. Eu tenho tanto dinheiro que sempre posso guardar uma parte para mim mesmo"*. Clason explicou o processo da seguinte forma:

"A riqueza, como uma árvore, cresce a partir de uma semente minúscula. A primeira moeda de cobre que economizar é a semente a partir da qual crescerá sua árvore. Plante-a rápido e a árvore surgirá depressa. E quanto mais regar e tratar de sua planta com economias sucessivas, mais cedo se acomodará satisfeito sob sua sombra".

Ao passo que o dinheiro cresce no banco, onde é colocado para render, também cresce nosso entusiasmo para produzir mais divisas. Pois será justamente dessas divisas que sairão os dez por cento que irão para o banco e produzirão mais dinheiro. Cria-se assim um poderoso ciclo de prosperidade que nos lança para a realização de nossos objetivos principais de vida.

Objetivos claros

Você e eu podemos também criar uma declaração pessoal de prosperidade. Como exemplo de declaração, podemos repetir para nós mesmos:

"Até o final deste ano de ________ estarei criando um patrimônio de ________________________. Esse montante estará sendo duplicado a cada ano de minha vida, durante _______ anos. De forma que, no ano de ________, serei milionário".

Faça os cálculos e escreva sua declaração de prosperidade, com suas próprias palavras e dados que calculou.

Leia sua declaração de prosperidade pessoal no mínimo dez vezes antes de deitar e dez vezes depois que acordar.

A repetição dessa declaração estará imantando fartura em sua mente. Ao repeti-la, ocorrem dois fenômenos. Você cria em torno de si mesmo uma bolha magnética que protege todo o seu sistema psicobiológico da ação negativa das declarações de outros. E, ao mesmo tempo, reforça o direcionamento positivo de sua própria mente, sintonizando-a com a fartura infinita da Mente Cósmica.

A essência da fartura é, portanto, a Mente Cósmica. Quanto mais nos harmonizarmos com ela, maior será nossa riqueza espiritual, emocional, mental e física. A manifestação de dinheiro em nossas vidas é

uma conseqüência dessa riqueza espiritual porque dinheiro é energia. Essa energia é colocada em movimento através de pensamentos e emoções ligados à abundância, a qual deve se manifestar nos menores aspectos de nossa existência como, por exemplo, em nossa forma de vestir e falar.

Buscando essa congruência do pensar, sentir e agir, você e eu lançamo-nos apaixonadamente à aventura do viver. Cultivamos crenças de prosperidade, cuidamos de nossa aparência pessoal, pagamos alegremente nossas contas, praticamos a lei do dízimo e, finalmente, mantemos sempre nosso *Objetivo Superior de Vida* estampado com imensas letras coloridas em nossa tela mental. Em suma, você e eu chegamos à divina conclusão de que merecemos ter vida, e tê-la em abundância.

PENSE GRANDE
Formato 18 x 25
176 pág.
Banco Multiplic
(Ver pág. 132)

Ray Kroc O Criador do McDonald's

PERFIL BIOGRÁFICO

Antes que sua firma de fast-food *estivesse operando há três décadas, Ray A. Kroc já tinha se tornado uma lenda americana dos negócios. Ele foi imortalizado como fundador de uma nova grande indústria. Suas realizações no campo do* food service *foram comparáveis às de John D. Rockefeller na refinação de petróleo, Andrew Carnegie na fabricação de aço e Henry Ford na montagem de automóveis. Ele foi encarado como um dos mais empreendedores capitalistas americanos, individualista inflexível que deu sua maior cartada — e colheu seu maior resultado — exatamente 13 anos antes de começar a receber sua aposentadoria.*

O problema com tais lendas é que freqüentemente perdem a essência do homem. Até distorcem a realidade, e no caso de Kroc são distorções substanciais. Muitos traços cruciais para seu sucesso foram negligenciados por relatos simplistas de sua fortuna "do dia pra noite". Ele tem sido descrito como um visionário que inventou uma forma totalmente nova de food service *ajustado ao estilo de vida mais rápido que ele previa. Entretanto, na época que ele descobriu o McDonald's e a* fast-food, *dúzias de outros já tinham feito a mesma descoberta. Sugerem alguns que Kroc foi simplesmente um sonhador afortunado, levado à riqueza pela onda de mudança social que varreu este país nos anos 50 e 60. Muitos outros, contudo, que tentaram cavalgar a onda da* fast-food *foram engo-*

lidos por ela. Outros, ainda, concluem que Kroc foi um construtor de corporações. Na verdade, Kroc não podia se importar menos com gerentes profissionais e burocracias corporativas.

Em uma só palavra, Ray Kroc era um vendedor. O tipo de homem de alto valor nos negócios durante os anos de formação das corporações americanas. Até a vibrante era do final dos anos 50.

* * *

Este livro, tratando do assunto dinheiro, não poderia deixar de incluir em suas páginas, o perfil de um dos homens, nos tempos modernos, que mais entendia de "fazer" dinheiro.

Eis a sua incrível história de sucesso:

Ray Kroc, o homem que implantou as lanchonetes McDonald's no mundo inteiro, foi uma das mais puras expressões do capitalismo norte-americano. Nasceu no seio de uma família de classe média baixa, trabalhou anos como vendedor perseguindo a fama e a fortuna e, por muito tempo, teve de recorrer a pequenos serviços extraordinários para sobreviver. Perto dos 50 anos, suficientemente experiente para perceber que a sorte passava à sua porta, soube agarrá-la e o fez com genialidade, para os biógrafos que se debruçaram sobre a história de sua vida, Kroc, falecido em 1984, não só influenciou a cultura dos Estados Unidos, como também tornou-se um verdadeiro "símbolo da América", assim como o são o beisebol, a torta de maçã e (quem ousaria duvidar?) o próprio hamburguer.

Entender exatamente por quê Raymond A. Kroc, descendente de camponeses da Boêmia e nascido em Oak Park, perto de Chicago, em 1902, foi colocado assim tão alto no conceito desses analistas não é uma tarefa simples. À primeira vista, parece que Kroc teve sorte, apenas, ou que trabalhou com perseverança — uma das qualidades que mais valorizava. Uma leitura mais criteriosa e atenta de sua carreira, porém, mostra que ele soube usar e balancear de maneira adequada certos ingredientes. Esses ingredientes — o *drive-in*, o *fast-food* e o *franchising* —, no entanto, já eram conhecidos pela indústria alimentícia no período entre guerras. Ou seja, não foi Kroc o primeiro a descobrir que a sociedade norte-americana estava começando a viver sobre rodas e que precisava de serviços rápidos, eficientes e baratos, que atendessem anseios nascentes, como, por exemplo, comer bem sem sair de seu veículo. Quanto ao *franchising*, já era utilizado desde o começo do século nos Estados Unidos e acompanhou a moderna sociedade que se movia em automóveis a partir dos anos 30. Esta fórmula comercial consiste em alugar terrenos e possibilitar a instalação de empreendimentos (no caso lanchonetes) aos que não tinham capital para investir mas que, com o tempo, acumulariam o suficiente para pagar ao senhorio.

Quando Ray Kroc abriu seu primeiro McDonald's, em 1955, ele era apenas um entre os muitos empresários da área alimentícia que baseava seu negócio no *franchising*. Mas, como conta o jornalista John F. Love, em seu livro *McDonald's — A Verdadeira História do Sucesso*, publicado em 1986 nos Estados Unidos (e em 1988 no Brasil), o sucesso de Kroc se resume fundamentalmente a uma premissa: "ele tratava seus *franchisees* (aqueles que lhe arrendavam a marca e os procedimentos operacionais e administrativos) como iguais... e possuía algo que ninguém mais possuía: os *franchisees* estavam ao seu lado". Essa estratégia utilizada por Kroc, no início espontânea porque era reflexo de sua personalidade, permitiu que ele se diferenciasse dos outros empresários atuantes no ramo. Kroc divulgou a marca Mc Donald's propondo o areendamento de um nome e de um estilo. Mas não o fez indiscriminadamente. Ele tinha consciência de que, se mantivesse um rígido padrão de qualidade, conseguiria multiplicar seus pontos de vendas pelo país inteiro. Só assim enriqueceria.

Seus *franchisees* eram pequenos empresários independentes, quase sempre descapitalizados, que também tinham vontade de progredir e de vencer na vida. Sem ir com muita sede ao pote, apesar de ter tido a oportunidade de vislumbrar milhões de dólares em sua caixa registradora em um curto período de tempo. Kroc não quis que o arrendamento significasse uma exploração — no pior sentido da palavra —, mas um auxílio para que pequenos empreendedores abrissem suas lanchonetes. Seu preço inicial era de apenas 950 dólares, além de um percentual de 1,9 por cento sobre a venda bruta, valor consideravelmente baixo, se comparado ao que outros empresários de setores próximos costumavam cobrar de seus franqueados. Desde o princípio, Kroc tinha a certeza de que o seu próprio bem-estar dependia obrigatoriamente da estabilidade e da saúde financeira de todos aqueles que tinham o logotipo dos dois arcos — mais tarde tão famoso — em seu estabelecimento. Na fase inicial de implantação do negócio, vários franqueados viam seus lucros crescerem com uma velocidade bem superior à do próprio Kroc. Mas isso não lhe importava, pois ele tinha a certeza de que o fortalecimento de sua marca seria fruto de um trabalho a médio prazo, quando ganharia no volume de lanchonetes credenciadas. Ganhar pouco (ou relativamente pouco) em cada uma delas e multiplicar o número de estabelecimentos para que as fontes fossem cada vez mais numerosas, esta era a sua estratégia.

Kroc acreditava piamente no produto que vendia, por isso estava seguro do êxito do empreendimento. Em sua autobiografia *Deu Certo!*, publicada em 1977 nos Estados Unidos, não deixa por menos: "Sem querer ofender à Santíssima Trindade, o Alcorão, o Torá, tenho fé no McDonald's como se fosse uma religião. Digo com freqüência que acredito em Deus, na família e no McDonald's — mas no escritório essa ordem é invertida".

Se hoje o McDonald's é mundialmente conhecido, isto se deve a Kroc, sem dúvida, mas não foi ele quem o inventou. A empresa já existia, com sede em San Bernardino, na Califórnia, e fora criada em 1937 pelos irmãos Maurice (Mac) e Richard (Dick) McDonald. Kroc não mudou praticamente nada do sistema, ao contrário, observou atentamente o que os Mc Donald faziam para atrair a clientela de toda a região. Ao ver uma moça comer, escreveu: "O prazer evidente com que devorava o hamburguer fazia meu coração bater de excitação". Naquele momento, ele sentira que era exatamente isso que deveria fazer, e começou a tratar de negócios com os irmãos.

Sonhava que venceria na vida e que não precisaria da escola para isso

Não foi por acaso que Ray Kroc percebeu o valor dos produtos que os McDonald serviam. Já com 52 anos e experiente vendedor, há muito tempo atuava no mercado de alimentos. Quando conhecera os McDonald em 1954, vendia uma batedeira de seis hastes para misturar *milk-shakes*, chamada *Multimixer*. Devido ao tipo de trabalho que tinha, conhecia uma infinidade de proprietários de lanchonetes e restaurantes, e ele mesmo se definia como "um *connoisseur* de cozinhas". Antes de entrar no ramo de equipamentos, fora vendedor de copos de papel durante dezessete anos, o que o fez visitar todos os bares, *drive-in* e hotéis do país.

Quando era pequeno, uma vidente previu que Kroc teria sucesso no ramo de alimentos.

Assim, quando surgiu a possibilidade de vender *Multimiers*, ele achou que sua grande oportunidade havia chegado. Mas isto era somente uma pálida pincelada do que os anos futuros lhe reservavam.

A vida de Ray Kroc sempre esteve apoiada em dois pilares básicos: o ramo alimentício e o piano. Sua mãe dava aulas em casa e Ray, ainda criança, aprendera a tocar praticamente sozinho: "Era natural para mim", dizia. Não gostava de estudar e abandonou o curso secundário, antes de terminá-lo. Lia pouco, gostava de jogar beisebol e de sonhar. Sonhava principalmente que venceria na vida e não precisaria de escola para isso. (Mais tarde, já rico e famoso, quando era convidado a proferir palestras em faculdades de Administração de Empresas, costumava dizer que o ensino nos Estados Unidos era inadequado para preparar um cidadão para a vida profissional.) "Nossas faculdades e escolas preparatórias estão repletas de jovens que aprendem muito sobre artes liberais, mas pouco sobre como ganhar a vida. Há bacharéis demais e açougueiros de menos."

Seu primeiro sonho foi o de possuir uma barraca de limonada. Logo conseguiu realizálo, e vendeu muito suco. Em seguida, trabalhou numa mercearia, na farmácia do tio e numa loja de instrumentos musicais. Nas folgas, jogava beisebol e participava do coro da igreja em que tocava órgão.

O primeiro contato com um balcão, marco para os comerciantes natos como Kroc, aconteceu no bar de um tio, onde trabalhava nos horários de almoço e durante as férias de verão. "Foi lá que aprendi que se pode influenciar pessoas com um sorriso e vender-lhes um *sundae*, quando tinham vindo para tomar uma xícara de café", dizia. Com as economias adquiridas no bar, Ray e alguns amigos abriram o primeiro negócio: uma loja de música onde se vendiam partituras e instrumentos pouco usuais, como guitarras havianas. "Eu era pianista", contou, "tocava e cantava um bocado, mas não vendia grande coisa." Tiveram de fechar as portas e, logo depois, Ray arranjou um emprego de vendedor de café em grão. As vendas se faziam por meio de um sistema que era uma grande novidade para a época: a comercialização porta-a-porta. O emprego durou pouco: os Estados Unidos estavam entrando na Primeira Guerra Mundial e Ray, embora menor de idade, alistou-se para ser motorista da Cruz Vermelha, achando que viajaria à Europa. Mas o armistício foi assinado antes que ele embarcasse com as tropas, e assim teve de voltar para Chicago — e para a escola.

Seu pai, Louis Kroc, desde os 12 anos de idade funcionário da Western Union, uma empresa de entregas, largara os estudos no ginásio, e achava que o filho não deveria seguir seu exemplo. Ray fez uma última tentativa: conseguiu permanecer sentado nos bancos escolares por mais um semestre apenas, "O que eu queria era vender nas ruas e tocar piano para ganhar dinheiro, e foi isso que fiz", contaria mais tarde. "Arranjei um território para vender miudezas", segundo suas próprias palavras, e pode-se dizer que, como camelô, foi bem-sucedido: logo de início ganhava de 25 a 30 dólares semanais e, em pouco tempo, ultrapassava o salário de seu pai. "Aos 17 anos era um *sheik*, convencido e provavelmente chato", dizia.

"Os copos de papel faziam parte do caminho que a América ia tomar"

Ray gastava seu dinheiro em roupas e imitava o galã da época, Rodolfo Valentino, até nas cigarrilhas que fumava. Nessa época, lhe ofereceram um emprego de pianista em um bordel. Aceitou, mas só tocou lá uma noite. Abandonou também seu negócio de miudezas, pois, devido às suas proporções e ao público que atendia, ele se sentia subvalorizado como vendedor.

Um segundo emprego de músico apareceu logo em seguida, num local de veraneio onde a juventude esbanjava sua energia em frenéticos *charlestons*. Lá Ray conheceu Ethel, filha do dono de um dos hotéis locais, que, poucos anos depois, seria sua primeira esposa. Decidido a guardar mais para poder casar, arranjou um emprego de "marcador de cotações", no centro financeiro de Chicago. Essa experiência e outra mais tarde, como corretor de imóveis na Flórida, foram as únicas que Ray teve em sua vida profissional fora de seus dois pilares básicos: alimentação e música. Ambas, aliás, não duraram muito e não deram grandes resultados.

Indiretamente, Ethel foi responsável pela entrada de Ray no mercado de artigos para indústria alimentícia. Os namorados resolveram se casar, mas como Ray não tinha nem profissão nem carreira fixa numa empresa, seu pai lhe dera um ultimato. "Em primeiro lugar, tem de conseguir um emprego certo. E com isso não me refiro a moço de recados ou mensageiro de hotel. Quero dizer, alguma coisa substancial". Ray contou que, alguns dias depois dessa conversa, já estava empregado na Lily Cup Company, uma empresa produtora de copos de papel. Desde o início, ficara atraído pelo produto, pois, segundo ele, "os copos de papel faziam parte do caminho que a América ia tomar".

Quando começou a trabalhar na Lily Cup, Ray não vendia muito e precisava apelar para serviços estraordinários à noite e nos fins de semana para ganhar um pouco mais. Os donos de restaurantes não se interessavam pelos copos de papel que consideravam um custo suplementar sem possibilidades de aumentar as vendas. Os pedidos eram efetuados principalmente pelso proprietários de bares que tinham problemas com a lavagem de copos de vidro — estes aceitaram mais rapidamente a novidade. No dia-a-dia, Ray foi detectando os segmentos mais receptivos e a maneira mais adequada de abordá-los, e assim suas vendas subiram. "Descobri que os clientes gostavam de uma abordagem direta", contou. "Compravam se eu apresentasse meus argumentos e tirasse o pedido sem prolongar demais a conversa." Enquanto os negócios se prosperavam, Kroc foi adquirido um senso *sui-generis* das atividades comerciais: "Minha filosofia era ajudar o cliente. Se eu não pudesse orientá-lo para que incrementasse suas próprias vendas, achava que não estava fazendo meu trabalho". Essa tese nunca o abandonou. Quando entregava a marca McDonald's nas mãos dos pequenos empreendedores que queriam abrir lanchonetes, a idéia de que eles deviam estar satisfeitos com o produto (no caso, a franquia) continuou norteando seu negócio.

A venda de copos de papel para a Lily Cup foi interrompida durante um curto espaço de tempo, quando Ray Kroc resolveu tentar a sorte no sul do país, onde — ouvira dizer — existia uma febre imobiliária. Mas a experiência não deu certo e, na volta para Chicago, jurou que nunca mais abandonaria seu posto de vendedor de copos de papel. O mercado alimentício se mostrava propício a embalagens descartáveis: nos últimos anos da década de 20, por causa da Lei Seca, os Estados Unidos eram o país mais criativo do mundo na elaboração de sorvetes e bebidas à base de leite que, em sua maioria, chegavam ao público nesse tipo de embalagem. A Lily Cup fundiu-se com a Tulip Cup, outra empresa do ramo, adotando a denominação de Lily Tulip. Começou então a produzir "copos com lados duros", como se dizia na época por serem revestidos por uma camada de silicone, uma novidade introduzida no mercado pela Tulip. Esses copos rígidos podiam ser utilizados em outras áreas da indústria alimentícia, como torrefações de cafés ou para embalar requeijão. O mercado de descartáveis avançava com as inovações tecnológicas, e Kroc, aproveitando o momento, propôs a uma empresa em expansão que vendesse seu leite maltado e refrigerante em copos com tampa para serem tomados fora do recinto. Mas as perspectivas da economia geral do país não eram alentadoras e a grande depressão de 1929 não poupou o setor, acabando por atingir a Lily Tulip.

Nessa ocasião, Kroc já era gerente de vendas e recebeu a ordem de cortar salários e despesas em 10 por cento. "Aquilo foi um golpe e tanto", lembraria. "não era a redução do salário que me incomodava, mas o insulto ao meu ego. Como podiam tratar dessa maneira o melhor vendedor que possuíam?" Demitiu-se, mas nada contou à sua mulher, com medo de que ela se sentisse insegura: não havia empregos disponíveis por causa da crise econômica. Todos os dias, Ray levantava-se à hora costumeira, pegava seu mostruário e fingia ir para a Lily Tulip. Na verdade, parava no bar da esquina e examinava todos os classificados dos jornais à procura de uma oportunidade. Alguns dias depois, seu chefe na Lily Tulip mandou chamá-lo de volta e ainda lhe deu um aumento de salário. Essa foi a primeira de uma série de discussões que Ray Kroc travou com a Lily Tulip e que culminaram no seu afastamento definitivo após quase duas décadas de trabalho.

Quando ainda vendia copos descartáveis, um dos clientes de Kroc era Earl Prince, um engenheiro de Illinois, que abrira uma rede de sorveterias, Kroc lhe sugeriu usar uma embalagem de *milk shake* maior, que custasse 12 centavos de dólar em vez dos costumeiros 10 centavos. A estratégia, inicialmente tida como estapafúrdia, permitiu que Prince aumentasse suas vendas naquele ano em 100 mil dólares. Isto, é claro, estreitou os laços de confiança entre ambos. Graças a outro expediente operacional — colocar um colarinho de metal adaptado —, Kroc conseguiu aumentar ainda mais a venda de *milk shakes*. Por dedução, chegou à conclusão que o engenheiro não daria conta da clientela se não aumentasse a capacidade de suas batedeiras. Em suas sorveterias, usavam-se batedeiras de uma única haste, ou seja, apenas um *milk-shake* era feito por vez. Convencido por Kroc, ele então inventou uma máquina com capacidade para bater seis misturas de leite ao mesmo tempo, e chamou-a de *Multimizer*. "O aparelho tornou possível a produção em grande volume e mudou o curso de minha vida", diria mais tarde, Ray Kroc.

Assim que a *Multimixer* começou a ser produzida, Kroc levou-a à Lily Tulip para ser examinada, achando que tinha em mãos um invento genial. Indiretamente, acreditava, a multibateria aumentaria o consumo de *milk-shake* e, em conseqüência, as vendas de seus copos de papel. Mas a Lily Tulip não se interessou pela máquina e declarou não querer comercializá-la. A justificativa era de que preferiam permanecer apenas no seu ramo original, de copos de papel. Kroc ficou desiludido com a decisão da empresa para a qual trabalhava. Sua situação profissional, aliás, ele sabia, se deteriorava e tendia a piorar, pois um executivo da empresa estava saindo e montando um negócio concorrente ao da Lily Tulip. Kroc não tinha dúvidas de que ele levaria grande parte dos clientes para a recém-fundada companhia.

Earl Prince havia convidado Kroc para comercializar a *Multimizer* e, diante das desilusões por que passara na Lily Tulip, achou melhor aceitar. A *Multimixer*, é claro, o entusiasmava, e a perspectiva de tornar-se independente era tentadora. Em 1939, ele e Prince criaram a Malt-a-Mixer Co. Inc. (que mudaria mais tarde para Prince Castle Sales Division). Kroc sentia que "uma nação inteira de proprietário de lanchonetes e restaurantes estava esperando, ansiosa, por um produto como a *Multimixer*". Montou um escritório minúsculo em Chicago e passava a maior parte de seus dias viajando pelo país. Os negócios iam bem. Embora a demonstração da *Multimixer* implicasse em carregar uma verdadeira parafernália — o mostruário, acondicionado sobre rodinhas para facilitar o transporte, pesava 25 quilos —, a programação de vendas permitia bons e gordos pedidos. Certo dia, Kroc se deu conta de que já não era mais tempo de visitar cada pequeno bar e percorrer todas as esquinas dos Estados Unidos para colocar seu produto, e passou a dirigir-se às convenções de proprietários de bares e restaurantes — e não perdia uma. Não havia proposto metas, mas se conseguisse colocar 1500 batedeiras anuais, ficaria satisfeito. Segundo John F. Love, ele faturava 25 mil dólares anuais, uma renda impressionante para a época.

A era dos milk-shakes *estava se esvaziando, dando lugar a um atendimento diferente*

O impulso mal começara quando os Estados Unidos entraram na Segunda Guerra Mundial e a Prince Castle Sales sofreu com a falta de cobre, matéria-prima fundamental para seus motores. "Um vendedor sem produto é como um violinista sem o arco", lamentava-se Kroc, que criara demanda no mercado para seu produto e não podia, naquele momento, supri-lo adequadamente. Depois da guerra, porém, com a retomada dos negócios, a empresa chegou a colocar cerca de 8 mil unidades, mas, como conta Love, essa satisfação não durou muito, pois, no começo dos anos 50, as vendas anuais da *Multimixer*, por várias razões, cairiam para 2 mil unidades/ano". O pós-guerra trouxe mudanças importantes na vida das cidades norte-americanas. Os tradicionais pontos de varejo que eram abastecidos pela empresa de Kroc haviam se mudado para os subúrbios e tomavam novas configurações. Os sorvetes, por exemplo, já eram pré-misturados por máquinas especiais. A era dos *milk-shakes* estava se esvaziando para dar lugar a outros produtos mais adequados ao atendimento rápido, não individualizado.

Vendo chegar ao fim a vida útil de sua batedeira, Kroc procurou ampliar a linha de produtos, mas não conseguiu nenhum item que representasse uma inovação, como acontecera com a *Multimixer* quinze anos antes. Por ser um perseguidor de novidades, resolveu fabricar um estranho móvel, que acoplava uma mesa e bancos de cozinha: dobrados, eles se encaixavam na parede. A *Fold-a-Nook*, como ficou conhecida ("dobre e guarde"), revelou-se um fracasso e foi retirada rapidamente do mercado.

Kroc, no entanto, sem perder o entusiasmo, continuava a manter em funcionamento toda a estrutura de vendas da *Multimixer*, informando-se, assim, sobre oportunides de novos negócios por meio de seus representantes que atuavam nos quatro cantos do país. Encontrar era uma questão de tempo. Conta John F. Love: "Kroc detinha os direitos da *Multimixer* que os irmãos McDonald usavam para fazer seus *milk-shakes*, e havia mais de um ano estava recebendo de seus representantes de vendas na Costa Oeste um relato minucioso do progresso dos irmãos. De fato, Kroc até chegou a destacar os McDonald na circular que distribuíra a seus representantes de vendas e aos comerciantes no fim de 1953".

O próprio Kroc, em sua autobiografia, fala com entusiasmo sobre esses pequenos empresários. "Ouvi dizer que uma coisa incrível estava acontecendo com minha *Multimixer* lá na Califórnia. Telefonemas chegavam de todo o país para pedir baterias iguais às que os irmãos McDonald tinham em

San Bernardino. Fiquei curioso. Quem eram esses irmãos McDonald e por que os clientes queriam baterias iguais às 'deles', quando eu possuía máquinas semelhantes em vários outros lugares?" Um dia, Kroc tomou o avião e foi verificar pessoalmente qual a diferença. "Fui ao encontro de meu futuro", diria mais tarde.

Os McDonald não tinham apenas uma *Multimixer*, mas oito. Isso deixou Kroc boquiaberto. Ele se perguntava como um mercado diminuto como o da pacata San Bernardino poderia comportar uma lanchonete com capacidade para atender tantas pessoas ao mesmo tempo. Além disso, convém lembrar que, cada uma das *Multimixer*, custava, na época, 150 dólares, quantia relativamente elevada para um pequeno empresário.

Na loja, várias surpresas o esperavam. Para começar, as oito batedeiras não eram subutilizadas, ao contrário, não paravam. Ele colocou-se na fita, como um simples consumidor, e observou. Um homem à sua frente lhe confirmou que o hambúrguer servido pelos McDonald era o melhor e custava apenas 15 centavos de dólar, por isso atraía gente de toda a região. Notou também que não havia garçonetes servindo, portanto as gorjetas eram dispensáveis. Kroc entendeu no ato que os irmãos McDonald, com sua pequena loja, estavam revolucionando o conceito de *drive-in*. O fato de não haver garçonetes melhorava — e muito — a imagem desses estabelecimentos pouco freqüentados por famílias, pois "eram carregados de uma má imagem", como explica John F. Love. As famílias de subúrbio, grande mercado em formação durante o pós-guerra, passaram a freqüentar as cadeias de sorveterias, mas estas nada tinham a oferecer além de sorvetes, Kroc deduziu que a lanchonete dos McDonald preenchia uma lacuna no que se convencionou chamar de *food-service* e logo ali sua grande oportunidade. Rapidamente calculou que seria possível abrir uma lanchonete igual àquela com um investimento não muito elevado e que era um excelente negócio para *franchising*. Conhecendo bem o ramo, anteviu a possibilidade de expandir os McDonald's em escala nacional. Como já dissemos, ele gostava de sonhar. Mas desta vez foi, mais que um sonho, uma visão do futuro.

Os irmãos tinham um agente de *franchising*, mas estavam descontentes com a sua atuação e procuravam outro para substituí-lo. Kroc não se ofereceu de imediato. Ponderou sobre o assunto durante uma semana, pensando inicialmente em firmar um acordo com o futuro agente para colocar sua Multimixer em todas as novas lanchonetes McDonald's. Mas ao final da semana, chegou à conclusão de que deveria ser ele mesmo.

A aparência das batatas era perfeita, mas o gosto era de um angu

A reunião das negociações foi muito cordial. Kroc, entusiasmado, disse que ampliaria a rede McDonald's, que então contava com dez licenciados, para todos os pontos dos Estados Unidos. Os irmãos McDonald o aconselharam a licenciar os *franchisees* na base de 950 dólares e 1,9 por cento sobre a venda bruta. O valor de 2 por cento sugerido por Kroc havia sido considerado "redondo demais" e poderia afastar os interessados. O acordo entre eles teria validade de dez anos, e as licenças com os franqueados seriam válidas por vinte anos (mais tarde, esses pra zos foram alterados para 99 anos). O contrato ainda incluía outra cláusula: dos 1,9 por cento que seriam pagos pelos franqueados, 0,5 por cento voltaria para os irmãos McDonald a título de pagamento de marca e do *know-how*.

Ray Kroc foi taxado de louco por alguns amigos que não viam necessidade de um empresário, já bem-sucedido no seu negócio, "dirigir uma barraca de hambúrguer de 15 centavos". Uma de suas maiores opositoras foi a própria mulher, Ethel, que considerava tudo isso uma aventura. As discussões acabaram ficando tão ácidas, que o casal separou-se depois de 35 anos de casamento. (Kroc ainda se casaria outras duas vezes.)

Ray Kroc ainda continuava na Prince Castle, mas agora tinha pressa de inaugurar sua primeira loja. Para poder conciliar as duas atividades, escolheu um ponto próximo a sua residência e ao escritório: a localidade de Des Plaines ficava a poucos minutos de carro de sua casa e uma distância ínfima, a pé, da estação de trem que o levaria para o escritório. A construção da lanchonete lhe deu mais trabalho do que pensava. Não sabia, por exemplo, onde colocar a fornalha, e os irmãos McDonald lhe davam apenas conselhos informais que não o satisfaziam. "Era como se eles alimentassem a esperança de que eu fracassasse", disse. Embora tivesse alterado algumas poucas coisas no sistema desenvolvido pelos irmãos McDonald, a base da cozinha era a mesma. Detalhes, como o ponto exato de fritura das batatas, deixaram-no intrigado por um bom tempo, ainda que tivesse acesso ao segredo da receita dos irmãos. "Seguíamos religiosamente o ritual das batatas", lembrou, "e o resultado era perfeito na aparência, mas o gosto era o de um angu. "Várias vezes consultou os irmãos McDonald e os especialistas da Associação de Plantadores de Batatas e Cebolas da região. Três meses se passaram antes que Kroc e sua equipe de Des Plaines chegassem ao padrão desejado. Kroc levou quase um ano para superar todas as dificuldades de ordem operacional. Finalmente, a loja ficou pronta em abril de 1955.

Superados os percalços, a lanchonete começou a funcionar e tinha bom movimento, o que deu a Kroc segurança para iniciar a operação de *franchising*. Ofereceu o negócio primeiramente a seus amigos pessoais com quem jogava golfe no clube. Vários aceitaram, mas o tempo mostrou que só ganhavam dinheiro aqueles que se dedicavam exclusivamente às lanchonetes e não tinham outros interesses empresariais. Os primeiros passos de uma empresa nunca são muito fáceis. É claro que Ray experimentou várias derrotas e perdeu amigos na corrida para chegar ao sucesso, mas, verdade seja dita, ele progrediu muito em pouco tempo. Vinte e um anos depois de ter aberto sua loja em Des Plaines — a primeira da rede batizada de McDonald's System, Inc. em 1955, que passaria a McDonald's Corporation em 1960 —, a empresa superou a marca de 1 bilhão de dólares da receita total. Só para se ter uma idéia do que isso significa, podemos citar o caso da poderosa IBM, que só alcançou essa cifra 47 anos após a fundação, ou da Xerox, que precisou de 63 anos de existência para chegar lá.

Ray Kroc tinha um senso apurado para reconhecer o que era um produto de futuro ou não. Durante anos seguidos, conservou o cardápio tradicional dos irmãos McDonald, que se compunha de nove itens. Isto facilitava enormemente as compras, pois apenas 35 ou quarenta ingredientes entravam na sua preparação. O controle era feito rígidamente em todas as lojas franqueadas. Cada meio quilo de carne devia dar dez bifes de hambúrguer, por exemplo. "Se não batia, alguém estava tirando carne", raciocinava Kroc. Na verdade, ele perseguia a uniformidade. Queria que todas as lojas ligadas à sua empresa observassem os mesmos padrões de limpeza, qualidade e preço. Algumas vezes, teve surpresas desagradáveis, o que o fazia agir cada vez com mais cautela ao licenciar um novo empreendedor.

Qualquer alteração no cardápio era cuidadosamente avaliada

Por ter um grande poder de

compra, a empresa obtinha descontos junto aos fornecedores de ingredientes e os repassava para os franqueados. O mesmo acontecia com os equipamentos que Kroc adquiria de terceiros — ele nunca quis revender suas máquinas aos franqueados, a não ser de algumas *Multimixer* nos primeiros anos. Esse foi, segundo os analistas, um traço que Kroc nunca perdeu e que representava uma vantagem a seu favor, pois fortacia a confiança dos *franchisees*, ao contrário do que ocorria com outros licenciadores.

Em contrapartida, a relação com os irmãos McDonald passou por períodos difíceis, até que houve um rompimento formal. Em meados dos anos 60, por motivos pessoais, os irmãos McDonald decidiram se retirar dos negócios. Anunciaram que estavam dispostos a repassar sua marca e suas lanchonetes — totalmente — para Kroc, por um preço que o deixaria estarrecido: 2,7 milhões de dólares. Ray Kroc teve de aceitar a proposta, mas precisou recorrer à ajuda de instituições financeiras. Estas cederam o empréstimo, que deveria ser pago com uma determinada porcentagem do rendimento das lojas. Calculando-se o movimento que a rede tinha na época da compra, o pagamento do empresário só seria liquidado em 1991. Mas a McDonald's cresceu tanto nos anos seguintes, que terminou de pagá-lo em 1972. "Foi um negócio bem-sucedido, apesar de a transação ter nos custado, no total, 14 milhões de dólares", contou Kroc. Em 1972, porém, essas cifras já não eram consideradas tão elevadas para ele: "O que pagamos aos McDonald foi uma ninharia perto do que a empresa faturou nos anos seguintes. Se tivéssemos de repassar aquela parcela de 0,5 por cento, com nossas vendas atuais de mais de 3 bilhões de dólares por ano, a soma teria chegado a mais de 15 milhões de dólares", disse Kroc.

A empresa estava fortalecida e as lojas de Kroc foram naturalmente valorizadas. Ele mesmo contou em sua biografia que a concessão, que inicialmente custava 950 dólares, trinta anos depois passara a valer 200 mil dólares, além dos investimentos para a instalação das lanchonetes. O franqueado, por sua vez, passou a pagar 11,5 por cento do movimento bruto.

Embora tenha vivido praticamente toda a sua vida dentro da área culinária, isso não significa que tenha escapado totalmente aos fracassos: certa vez, tentando inovar, criou o *hulaburger*, um sanduíche de queijo e abacaxi que só agradou a ele mesmo. Os clientes perguntavam: "Está ótimo, mas onde está o hamburguer?" Isto o fazia sempre pensar duas vezes e questionar bastante seus assessores quando o assunto era qualquer mudança no cardápio. Mas, às vezes, ela se mostrava necessária, como aconteceu com um de seus *franchisees* que atuava em Cincinnati, região onde a concentração de população católica é grande. Ele se queixava de queda nas vendas às sextas-feiras por causa da abstinência de carne bovina. Seu vizinho e concorrente estava tirando parte de sua clientela com um sanduíche de filé de peixe. "Não dou a mínima para isso", declarou Kroc na ocasião. "Ainda que o Papa venha a Cincinnati, ele pode muito bem comer hambúrguer como todo o mundo." Mas teve de se dobrar às evidências e aos argumentos de seus assessores, lançando um sanduíche de filé de peixe com meia fatia de queijo. Outro caso foi o do *Egg McMuffin*: um lanche para o desjejum que consistia em um ovo, uma fatia de queijo e outra de lombo canadense em pão redondo e chato, aberto. Quando Kroc tomou conhecimento desta sugestão de um de seus franqueados, não a aprovou de imediato, mas aceitou prová-lo e admitiu que o *Egg McMuffin* abria um imenso potencial para a rede Mc Donald's: o das refeições matinais.

Esse homem não inventou o hambúrguer, não sabia onde colocar a fornalha em sua primeira loja e gostava de um tal de *hulaburguer*, mas no ano em que faleceu tinha 8.069 lojas em funcionamento em 36 países e um faturamento anual de 10 bilhões de dólares. Depois de Ray Kroc, a McDonald's Corporation continuou franqueando licenças de lojas em todo o mundo. No Brasil, por exemplo, a empresa tinha 38 lojas em funcionamento em 1988 e faturou neste ano 63 milhões de dólares.

Leitura Recomendada

A essência do conceito clipping *é informar e motivar. Neste último capítulo deste livro-clipping, apresentamos ao leitor, comentários sobre os livros-matrizes, de onde os textos foram extraídos. Geralmente são Prefácios ou Introduções explicando a obra e sua finalidade.*

O conteúdo dos livros desta coleção é auto-suficiente, mas ao leitor que deseje conhecimentos mais completos, recomendamos a leitura dos livros-fonte— aliás, esta é uma das razões da "invenção" da coleção ***O Poder do Poder***.

Todos os livros aqui recomendados encontram-se disponíveis em livrarias, ou nas respectivas editoras.

O Dinheiro e o Significado de Vida

JACOB NEEDLEMAN / CÍRCULO DO LIVRO

O Dinheiro e o Significado da Vida— Uma redefinição do valor do dinheiro pela via do auto-conhecimento é um livro extraordinário. Editado pela Editora Best Seller e posteriormente pelo Circulo do Livro, a obra vem alcançando sucesso de crítica e livraria.

Diz o autor, no fim da Introdução:

"Se o presente livro for bem-sucedido em esclarecer o significado do que está sendo dito aqui, então terá atingido seu propósito. O objetivo não é outro que sacralizar a questão monetária. Isso não significa tornar sagrado o dinheiro em si. Significa descobrir o lugar exato que ele deve ocupar no coração do mais importante empreendimento de nossas vidas — a busca para nos tornarmos aquilo para que fomos feitos, a serviço da grandiosidade que conclama todo homem ou mulher sobre esta terra em perigo."

A fim de informar e motivar o nosso leitor à uma profunda leitura, transcrevemos, abaixo, o Sumário do livro:

Grandes Negócios (As Grandes Empresas)

C. NORTHCOTE PARSINSON — EMUS LIVRARIA EDITORA

Este autêntico *best-seller* mundial foi publicado no Brasil em 1975 pela *Expansão — Revista Brasileira de Negócios* (mais tarde transformada em *Exame*, do Grupo Abril). No mesmo ano a obra foi, também, publicada em forma de livro pela Hemus Livraria Editora, com o título de *A Lei de Parkinson nos Grandes Negócios*. Trazia na capa, o seguinte subtítulo: Se você quiser ficar rico, poderoso e muito, muito importante, leia este livro.

Milhares de pessoas, em todo o mundo, o leram. Sobre o conteúdo da obra, diz o autor:

"Os grandes negócios dos tempos modernos foram inventados por Cornelius Vanderbilt (1794-1877), que fez fortuna à custa das estradas de ferro norte-americanas. Quando morreu, era o homem mais rico dos Estados Unidos, deixando 105 milhões de dólares a seu filho, que duplicou essa fortuna e se tornou o homem mais rico do mundo. Desde então, os grandes negócios têm sempre sido considerados como um fenômeno típicamente americano. Talvez isso não seja inteiramente verdade, mas os milionários nos Estados Unidos gozaram sempre de uma espécie de eminência, que lhes era negada em países onde o tabuleiro de xadrez já estava ocupado por reis, rainhas, bispos e cavaleiros. Aparecido o navio a vapor, por volta de 1840, a estrada de ferro, por volta de 1850, e o telégrafo, por volta de 1860, passou a existir o novo tipo de homem de negócios. Já desde o seu surgimento, ele ficou simultaneamente sujeito à adulação e ao ataque.

Para compreendermos a imagem pública do milionário e a subseqüente imagem da grande organização que ele fundou, temos de considerar que a sua subida à proeminência coincidiu com o nascimento do que chamamos de democracia representativa. Em períodos anteriores da história, um homem rico — com a fortuna ganha muito mais vezes em atividades bancárias ou comerciais do que através da indústria — era fácil e prontamente aceito pela sociedade do tempo. Podia haver algumas manifestações de rejeição, alguns resmungos acerca da falta de boas maneiras do arrivista, mas a oposição acabava durando pouco. Um ou dois casamentos de conveniência eram o bastante para assegurar a eleição para o clube e permitir a conversão da riqueza em *status* social e poder político.

Pouco sabemos acerca dos grandes negócios. Talvez isso seja natural. Há cem anos, um homem vivaz poderia assenhorear-se de tudo que se conhecia sobre ciência química. Hoje isso não é concebível. Na verdade, qualquer pequeno ramo ocuparia a vida de um sem-número de brilhantes cientistas. O mesmo acontece com a ciência dos negócios. A grande variedade de tarefas — desde as finanças até a pesquisa de mercado, desde computadores até publicidade, desde o *design* de um produto até a análise de sistemas — requer para cada uma delas atenção de especialistas. E, como todos bem sabemos, o especialista não é facilmente compreendido, a não ser pelos de sua própria espécie.

Os grandes negócios são o produto de várias forças. Em primeiro lugar, é o nosso empregador. Sabemos que também é um produtor. Conhecemos casos de triunfo e de fracasso, pelo modo como triunfo e fracasso se refletem nas vidas dos grandes aventureiros industriais. Sabemos que os grandes negócios são uma força em si mesmos, uma entidade sempre crescente, aumentando por expansão interna ou por absorção e fusão. E, lá em nosso recôndito, a maioria de nós tem medo dos grandes negócios."

Todos os homens e mulheres de negócio, que quiserem ter uma ampla visão de como funcionam as grandes empresas devem ler e estudar este livro.

Ganhar

BERNARD TAPIE — LIVRARIA CULTURA EDITORA

Esta vibrante autobiografia conta a trajetória de um homem audacioso e polêmico que construiu um império comprando empresas falidas.

Ele foi cantor e jogador de futebol na juventude. Hoje, é presidente do Olympique de Marseille, tem um programa de sucesso na televisão, pilota um jato, comanda um iate, luta caratê, está colocado em primeiro lugar em todas as pesquisas de opinião como o homem mais popular da França.

Bernard Tapie. Nem astro da

TV nem *playboy* milionário. Apenas um novo modelo de empresário. Um homem capaz de construir um império em uma década — a partir da recuperação de empresas falidas. Com agilidade, criatividade, eficiência, ousadia, humor, paixão — as qualidades que ele julga hoje indispensáveis ao empresariado realmente moderno.

Neste livro, Tapie conta sua história e sua carreira, feita de derrotas momentâneas, sucessos estrondosos e muita polêmica. Apresenta seus originais métodos de trabalho e, sobretudo, convoca os jovens a abraçar a carreira empresarial. "A recompensa não é o dinheiro", diz ele, "mas o prazer, o jogo, a liberdade, a mobilidade, a faculdade de criar."

Eis alguns depoimentos sobre este empresário diferente:

"*Ganhar!* Faça o que fizer, esteja onde estiver. Bernard Tapie tem sempre este objetivo em mente. E não é por acaso que escolheu esta palavra para título de seu livro."

L'Express, 25/09/87

"Ele se tornou uma atração. Por causa de seu programa *Ambições*, por causa de seu clube de futebol, o Olympique de Marse ille, por causa dos riscos permanentes que assume e fazem dele um capitalista diferente."

Elle, Julho/87

"Ele emergiu como porta-voz dos empreendedores da França."

Herald Tribune, 14/06/86

"Por que esse diabo de homem tem êxito em tudo o que empreende?"

Aisne Nouvelle, 17/07/86

"Tapie se tornou, em alguns meses, um fenômeno sociológico. No imaginário coletivo dos franceses, ele é aquele que transforma tudo em ouro."

L'Express, 03/05/85

"A trajetória dessa estranha carreira, conduzida inteiramente sob as luzes da imprensa (...), parece a *sucess story* de uma novela de televisão americana."

Le Point, 05/05/86

"Nosso astro do business."

L'Expansion, 10/10/86

Esportista e incentivador do esporte, Bernard Tapie é o presidente de um dos mais conhecidos clubes de futebol da Europa, o Olympique de Marseille e da equipe ciclística "Toshiba-Look-La Vie Claire".

Este fascinante livro — que lidera a lista dos mais vendidos na França e que já é vitorioso em países como Alemanha, Holanda, Espanha e Japão — conta toda a história do sucesso de Bernard Tapie. E certamente servirá de inspiração para o sucesso empresarial de seus leitores brasileiros.

No Brasil o livro foi publicado pela Livraria Cultura Editora, em 1987, tradução e notas de Mirian Paglia Costa.

A Universidade do Sucesso

OG MANDINO — RECORD

Este soberbo livro, editado no Brasil pela Record (6ª edição), trás a seguinte dedicatória do autor:

Dedico este livro, com humildade e amor, aos mais de dez milhões de leitores, em todo mundo, que acolheram meus livros em seus lares... e em seus corações.

Na 4ª capa, o editor brasileiro registra esta mensagem:

Cada lição deste livro o levará mais perto das metas que você traçou para sua vida: Como dominar as 10 causas mais comuns do fracasso. Como utilizar melhor as suas qualidades. Como encontrar coragem para correr riscos. Como deixar de adiar as decisões. Como construir as suas reservas financeiras. Como se comportar como um vencedor. Como ser dono de sua vida. Tudo isso e muito mais em 50 memoráveis lições das maiores autoridades em sucesso.

O reitor desta original Universidade do Sucesso é Og Mandino, o autor de livros de auto-aperfeiçoamento mais celebrado de sua geração. A congregação reunida por ele inclui celebridades como o Dr. Wayne W. Dyer (autor de *Seus Pontos Fracos* e *Não se Deixe Manipular pelos Outros*), Dale Carnegie (autor de *Como Falar em Público* e *Influenciar Pessoas no Mundo dos Negócios*), W. Clement Stone (autor de *O Sistema de Fazer Sucesso que Nunca Falha*), Napoleon Hill (autor de *A Chave Mestra das Riquezas* e *Paz de Espírito, Riqueza e Felicidade*), George S. Clason, Nena e George O'Neil, a Dra. Joyce Brothers (autora de *Como Conseguir Tudo o que Você Quer da Vida, Como Desenvolver a Memória* e *O Que Toda Mulher Deve Saber Sobre os Homens*), Michael Korda, Lord Beaverbrook (autor de *As Três Chaves do Sucesso*), Dr. Norman Vincent Peale (autor de *A Nova Arte de Viver, Um Tesouro de Alegria e Entusiasmo* e *A Solução Está na Fé*) e muitos outros vitoriosos.

Aos leitores da coleção *O Poder do Poder*, nós recomendamos entusiasticamente a leitura de *A Universidade do Sucesso*, pois Este livro valioso contém um curso completo de como alcançar o sucesso — ministrado pelos 50 especialistas mais conceituados internacionalmente — e que levará você, lição a lição, ao mundo do sucesso sem limites.

O Caminho da Felicidade

HUBERTO ROHDEN — EDITORA MARTIN CLARET

A origem deste livro foi uma "resistência cultural" contra o autor. E nasceu do mais alto ideal cultural e educacional de um professor de filosofia.

Em 1951, quando o filósofo e educador Huberto Rohden voltou ao Brasil, depois de ter lecionado, por mais de 5 anos, na cátedra de Filosofia Universal e Religiões Comparadas da famosa American University de Washington-D.C., trouxe, na sua bagagem, um extenso programa educacional para adultos de todas as classes, credos e cores políticas. Obstáculos de todas as naturezas e um "glorioso silêncio" por parte das instituições brasileiras não criaram condições propícias ao jovem recém-chegado professor.

Hoje, os grandes segmentos institucionais do país — igrejas, universidades, imprensa e educadores — estão convergindo para os mesmos ideais educacionais de Rohden.

O conteúdo deste livro constituiu o seu primeiro trabalho educacional para adultos. Fazia parte de um Curso Prático de Filosofia da Vida, por muito tempo ministrado por correspondência. Mais tarde o curso se transformou em livro. Hoje, na 11ª edição — com mais de 50 mil exemplares publicados, continua sendo lido e relido por homens e mulheres de todo o Brasil.

A obra é constituída de 24 capítulos, todos enfocando esse grande anseio da condição humana — o estado de felicidade. Aliás, o autor declara na Introdução da obra: "O problema da felicidade é o problema central e o máximo da humanidade."

No último capítulo, intitulado "Conhece os Milionários da Felicidade", diz Rohden: "No meio das trevas da infelicidade aguda e das penumbras do descontentamente crônico, convém que o homem levante os olhos para as luminosas alturas de alguns dos grandes milionários da felicidade." O educador nos recomenda modelar, ou eleger como modelo, homens como Mahatma Gandhi, Albert Schweitzer, Buda, Lao-Tsé, Jesus e outros.

Rohden enfatiza a pedagogia do exemplo como força motivadora para a realização do potencial humano.

O Caminho da Felicidade é um livro de autoconhecimento e de autorealização. Ensina o *método*, fornece os *meios* e ilumina a *meta* para o ser humano viver feliz.

Os Princípios da Prosperidade

Minha Vida e Minha Obra
Hoje e Amanhã
Minha Filosofia da Indústria

HENRY FORD — LIVRARIA FREITAS BASTOS

Os editores da 1ª edição deste livro, ao apresentá-lo aos leitores brasileiros, fazem a seguinte declaração:

Ao acordarmos em editar as obras de Henry Ford, resolvemos também prestar-lhe uma pequena homenagem. Depois de muito pensarmos — após têrmos lido seus livros — ocorreu-nos que a melhor consideração com que poderíamos honrar o gênio industrial de Ford seria aplicar seus princípios. Não nos foi difícil descobrir como. Tínhamos em mãos três livros. A idéia inicial seria, normalmente, fazer uma pequena coleção dos mesmos, isto é, editar suas obras em dois ou três volumes, usar tipos graúdos, papel grosso, um formato menor e vendê-las mais caro. Aprovaria Ford essa atitude? Claro que não. Estaríamos visando apenas ao nosso lucro, estaríamos esquecendo do lucro que deve caber ao consumidor — enfim, não estaríamos prestando à coletividade o serviço social da indústria, estaríamos deixando de aplicar exatamente aquilo que Ford nos ensina com sua sábia experiência... e o que ensina este livro: o lucro a todos pertence.

Foi assim que resolvemos apresentar ao público o melhor e o mais barato. Escolhemos um formato econômico e cômodo, tipos regulares — nem demasiado grandes, nem exageradamente miúdos — papel de primeira qualidade e tiragem e... Bem, o livro aqui está: um único volume contendo três obras, integrais, sem necessidade de condensar o texto. Com isso conseguimos aumentar o poder aquisitivo do comprador, ou melhor, atingimos maior público que possa adquiri-lo. Demos-lhe também o título que nos pareceu mais adequado e justo, porque os princípios nele contidos foram realmente os princípios básicos da prosperidade de Henry Ford, isto é, o benefício do produtor e consumidor, o emprego da indústria como obra social (Reproduzido da 1ª Edição).

A obra foi traduzida e prefaciada pelo grande editor, escritor e empresário Monteiro Lobato. No fim do Prefácio ele diz estas palavras: Homem de boa fé não há nenhum lendo *My life and work*, o grande livro de Henry Ford, não sinta que está ali a palavra messiânica do futuro. E' a palavra do Bom Senso, é a palavra da Razão, é a palavra da Inteligência que não borboleteia, mas penetra no fundo das cousas como a broca de aço penetra no granito. Nele Ford enfeixou num só foco de luz todas as profundas conclusões do seu estudo das realidades. Essa luz, clara como a do sol, tonifica e desfaz a treva. A miséria humana é apenas uma conseqüência da treva.

Para o Brasil não há leitura nem estudo mais fecundo que o livro de Henry Ford. Tudo está por fazer — e que lucro imenso se começarmos a fazer com base na lição do portador da nova Boa Nova!

Dinheiro Megabyte

JOEL KURTZMAN

A morte do dinheiro

Você já se perguntou por que os líderes empresariais de hoje parecem não conseguir fazer planos a longo prazo? Por que os governos não conseguem controlar a inflação? Por que o mercado acionário é mais volátil do que nunca? Por que as previsões econômicas parecem nunca dar certo?

Este livro defende a teste de que a estabilidade econômica e as altas taxas de crescimento, que já foram marcas registradas da economia dos EUA, desaparecem porque a natureza fundamental do dinheiro mudou.

Vivemos hoje na economia do dinheiro megabyte. O dinheiro não passa de "1"s e "0"s do código binário de computador, mudando de mãos diariamente através de vias expressas eletrônicas.

A morte do dinheiro criou um estranho mundo novo que poucos conhecem. Seria uma realidade caótica e volátil que evolui sem planejamento e sem mecanismo eficiente para controlá-la. Sem estes, dificilmente os grandes recursos produtivos poderão voltar a atender as necessidades nacionais.

Nota sobre o autor

Joel Kurtzman é economista e editor econômico do The New York Times.

Publicou trinta livros cobrindo desde economia internacional e financeira ao futuro da biotecnologia. Já depôs no Congresso dos EUA sobre assuntos econômicos e trabalhou durante quatro anos como assessor econômico das Nações Unidas, coordenando uma pesquisa global sobre a nova ordem econômica internacional.

Fez palestras sobre economia internacional em todo o mundo e aparece freqüentemente em programas de televisão e de rádio para discutir a economia do futuro.

Aplicação

Leitura de alta relevância para profissionais da área econômico-financeira das empresas, notadamente nos segmentos de bancos, financeiras e de mercado de capitais. Recomendado como leitura complementar para a disciplina Administração Financeira, Mercado de Capitais e Economia Monetária dos cursos de administração de empresas, economia e ciências contábeis.

Este livro vai explorar a natureza, a forma e o contorno da nova economia — a comuna eletrônica. Vai examinar as idéias e as percepções dos pensadores econômicos de vanguarda. Vai mostrar os possíveis desdobramentos da economia mundial quando banqueiros, investidores, operadores, analistas políticos, autoridades governamentais, economistas, financistas e líderes empresariais estiverem todos ligados como as células nervosas do cérebro. Vai explorar o mundo novo que os avanços em telecomunicações, computação e finanças estão criando. E mostrará como os maiores investidores deste novo mundo farão seu dinheiro crescer.

Se Ronald Reagan, George Bush ou qualquer outro presidente que os antecedeu tivessem escolhido assessores com gravatas estampadas com *microchips* em vez de retratos de Adam Smith, talvez o equivalente a uma década de turbulência e de declínio dos Estados Unidos tivesse sido evitado. Se tivessem prestado atenção nas mudanças de uma geração, talvez tivessem conseguido conter a volatilidade dos mercados e manter o crescimento da riqueza do país. Se tivessem prestado atenção numa mudança sutil, mas fundamental, talvez pudessem ter adotado políticas capazes de manter os Estados Unidos à frente do trem econômico. Infelizmente, não foi o que fizeram.

Alquimia da Abundância

DR ÔMAR SOUKI - SOUKI HOUSE

Dr. Ômar Souki pesquisa a genialidade humana desde 1983. Ph.D. em Comunicação pela Universidade de Ohio, nos Estados Unidos, escreveu dezenas de artigos científicos publicados na Alemanha, Austrália, Belize, Brasil, Canadá, Estados Unidos, Holanda e Inglaterra. Publicou três livros: *Genocídio Cultural* (Paulinas, 1991), *Acorde! Viva Seu Sonho* (Eko, 1995) e *Sucesso! Ontem, Hoje, Sempre!* (Eko, 1996).

Lecionou por dois anos na Universidade do Estado de Nova Iorque, e já proferiu palestras em vários centros avançados de pesquisas, tais como as Universidades de Ritsumeikan (Japão), de Passau (Alemanha), de Aston (Inglaterra) e a do Texas (Estados Unidos). Atualmente é professor de Marketing e Programação Neurolingüística na Universidade Federal de Minas Gerais e pesquisador na Universidade de Denver.

Ministrou treinamentos em empresas de grande porte, tais como Banco Central do Brasil, Fuji Electric, Localiza, Arezzo, Enciclopédia Britânica e Amway.

Reconhecido internacionalmente pelo seu poder de comunicação, Dr. Ômar Souki, ministra cursos nas áreas do desenvolvimento pessoal, empresarial e educacional.

Leia seus livros e participe de seus cursos!

Você jamais será o mesmo!

Um depoimento:

Quando o doutor Ômar me pediu que escrevesse a apresentação do seu próximo livro — *Riqueza Infinita — Programação Neurolingüística para o seu Sucesso Financeiro*, confesso que fiquei preocupado pois teria que arranjar tempo para lê-lo, inteirar-me do conteúdo e, assim, poder atendê-lo com a sinceridade e espontaneidade que caracterizam os atos da minha vida.

Mas, para minha agradável surpresa, aquela preocupação esvaneceu-se tão logo comecei a folhear as primeiras páginas e fui sentindo a objetividade, grandeza, sentimento, verdade e calor nas palavras que, sob a orquestração do maravilhoso Ômar, vão se compondo e construindo belas mensagens que, certamente, nos ajudarão a crescer sempre.

A força deste livro está presente em quase todas as suas páginas, mas reconheço que o autor se supera quando aborda, na modelagem dos mestres, níveis tão importantes que se projetam além dos nossos limites, tais como: o ambiente, condição física, comportamento, capacidades, crenças e valores, identidade e espiritualidade.

Rolim Adolfo Amaro
Presidente da TAM - Transportes Aéreos Regionais S.A.

Pense Grande

BANCO MULTIPLIC — PRÊMIO EDITORIAL

Este livro, coerentemente intitulado, é uma coletânea de biografias e histórias de dez grandes empresários e respectivas empresas. A obra foi patrocinada pelo Banco Multiplic.

O trabalho editorial foi realizado pela Prêmio Editorial Ltda. (Rua Bela Cintra, 746, conj. 112, São Paulo, SP — fones: 258-5680 e 258-2006).

Diz o editor, na Apresentação da obra:

Poucos assuntos despertam tanto interesse e admiração entre os homens como a história de certos indivíduos que construíram toda uma vida em torno de uma idéia. Há representantes dessa casta de obstinados nos mais diferentes campos da atividade humana. No mundo dos negócios, eles têm realizado proezas cujo alcance, decididamente, não caberia no sonho que os moveu à empreitada de suas vidas.

A presente obra, reunindo histórias de empreendedores como Henri Nestlé, constitui um painel de vivências e lições que podem ser traduzidas como uma exaltação ao valor da persistência e do trabalho sério. Na trajetória desses dez expoentes da iniciativa e da criatividade empresarial — cinco estrangeiros e cinco brasileiros — sobressai o caminho quase sempre espinhoso por onde têm de transitar os que se deixam embalar por uma inspiradora visão do futuro e se dispõem a pensar grande, até que chegue a hora da realização.

O título do livro — *Pense Grande* — é usado como uma poderosa metáfora, convidando-nos a prosseguir na difícil arte de realizar o impossível.

O livro é oferecido a amigos, clientes efetivos e clientes potenciais do Banco Multiplic.

Impressão e acabamento
Cromosete
GRÁFICA E EDITORA LTDA.
Rua Uhland, 307 - Vila Ema
Cep: 03283-000 - São Paulo - SP
Tel/Fax: 011 6104-1176